山东省社会科学规划研究项目
（13CGMJ24）

山东省社会科学规划研究项目（13CGMJ24）

"中国梦"引领下
当代青年弘扬沂蒙精神研究

桑　莉　全　涛　著

天津社会科学院出版社

图书在版编目（ＣＩＰ）数据

"中国梦"引领下当代青年弘扬沂蒙精神研究 / 桑莉，全涛著. -- 天津 ：天津社会科学院出版社，2023.11

ISBN 978-7-5563-0934-4

Ⅰ. ①中… Ⅱ. ①桑… ②全… Ⅲ. ①民族精神—研究—临沂 Ⅳ. ①D648.4

中国国家版本馆 CIP 数据核字(2023)第 209465 号

"中国梦"引领下当代青年弘扬沂蒙精神研究
"ZHONGGUOMENG" YINLING XIA DANGDAI QINGNIAN
HONGYANG YIMENG JINGSHENG YANJIU

选题策划：韩　鹏
责任编辑：李思文
责任校对：杜敬红
装帧设计：高馨月
出版发行：天津社会科学院出版社
地　　址：天津市南开区迎水道 7 号
邮　　编：300191
电　　话：（022）23360165
印　　刷：北京建宏印刷有限公司
开　　本：880×1230　　1/32
印　　张：6.5
字　　数：142 千字
版　　次：2023 年 11 月第 1 版　　2023 年 11 月第 1 次印刷
定　　价：68.00 元

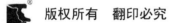

内容提要

　　本书围绕如何实现中华民族伟大复兴的中国梦这一辉煌目标，重点考察了弘扬沂蒙精神和当代青年成长成才之间的关系。通过搜集分析学界研究成果，梳理总结了沂蒙精神发展壮大的过程，解析了当代青年群体的时代特征，探究了沂蒙精神在不同历史时期和青年群体之间的密切关系，特别是青年群体在沂蒙精神形成与发展过程中表现出的独特价值和做出的巨大贡献。在此基础上，进而考察探究了新时代中国式现代化建设中，弘扬沂蒙精神助力当代青年成长成才的路径，为沂蒙精神的推陈出新、时代传承、服务社会发展等提供了有益借鉴。全文共五章，第一章主要采用文献研究法和实地调研法，通过查阅沂蒙精神研究资料和历史档案，实地考察与弘扬沂蒙精神相关的主题纪念馆、红色文化景观等，梳理辨析了沂蒙精神形成和发展的主要历程和内涵要旨。第二章主要考察探究了当代青年群体的身心特点、发展环境和价值观念等内容。第三章主要梳理分析了不同历史时期，青年群体对沂蒙精神产生与发展作出的重要贡献。

第四章重点考察了沂蒙精神在当代青年理想实现和使命担当过程中具有的独特功能和价值,以及二者之间的密切关系。第五章主要探究了弘扬沂蒙精神助力当代青年成长成才的有效路径。

本书认为沂蒙精神充分体现了中国共产党与一代又一代青年血肉相连、生死相依的关系,彰显了不同历史时期青年群体爱党爱军、艰苦创业、开拓奋进,为国家和民族利益贡献青春力量的崇高品格,是以爱国主义为核心的民族精神和以改革创新为核心的时代精神的精髓。沂蒙精神对于青年群体的成长成才,不仅产生过十分重要的历史作用,而且穿越时空,继续彰显着宝贵的时代价值。在中国特色社会主义新时代,实现中华民族伟大复兴中国梦,必须紧紧依靠包括广大青年在内的人民群众的共同实干来实现,当代青年实现人生价值也必须将个人梦想深深融入时代梦想。人民性的沂蒙精神是实现人民性的中国梦的重要力量,也是实现人民性的青年梦的重要力量。作为中国精神重要组成部分的沂蒙精神,与青年梦有着必然的内在联系,当代青年同心共筑中国梦,必须弘扬以人民性为主体的沂蒙精神。

目　录

第一章

沂蒙精神的概念内涵

沂蒙精神因"沂蒙"而得名，其产生与发展有着深厚的地域文化基础，并且与这一地域内人民群众的革命斗争传统密切相关，更为重要的是，沂蒙精神是在党的亲切关怀和精心培育下形成、发展起来的伟大精神。在革命战争年代，沂蒙是全国著名的红色根据地，被誉为"两战圣地"。在这块红色热土上，沂蒙党政军一切为了人民、一切依靠人民，沂蒙人民信任党、铁心跟党走，军民水乳交融、生死与共，共同铸就了弥足珍贵的沂蒙精神。新中国成立后，在社会主义建设和改革开放时期，特别是中国特色社会主义发展进入新时代以来，沂蒙精神内涵得到了更加丰沛和充实的发展，政治理论层次不断提高，最终以自身独特深厚的思想内涵和不断凸显的时代价值，与延安精神、井冈山精神、西柏坡精神一样，成为党和国家十分宝贵的精神财富。

第一节　沂蒙精神的产生

　　沂蒙精神的产生与发展有着深厚独特的历史背景。沂蒙地区丰富厚重的历史文化积淀和独特的区域风土民情,为其形成与发展提供了坚实的文化基础。沂蒙人民吃苦耐劳、勇敢无畏、忠诚侠义的精神品格,在长期社会发展中逐步形成了勇于斗争、不畏牺牲的革命传统。而共产主义在沂蒙地区的广泛传播,特别是中国共产党领导的人民军队进入沂蒙后,在这一区域内积极开展各种斗争活动,使沂蒙地区的革命斗争传统得以进一步淬炼与提升。因此,无论是在革命战争年代,还是在社会主义建设时期,沂蒙精神都在党的精心培育下茁壮成长,激励着沂蒙人民不断取得革命与建设的一个又一个胜利。简言之,沂蒙精神的形成与发展既是对中华民族革命精神的传续,也是对丰厚深邃的沂蒙地域文化品格的高度凝练,二者紧密相融,使沂蒙精神最终成为革命与建设时期党政军民共同铸就的精神丰碑。

一、文化积淀

　　作为一个人文地理概念,沂蒙主要是指以蒙山、沂水为地质坐标的地理区域,通常又被称为沂蒙山区或沂蒙老区。从狭义上来说,沂蒙地区主要是指今临沂市辖区。广义而言,沂蒙地区主要包括临沂市辖域的三区九县①、日照市辖域的多数地区,淄博市辖域的沂源县,潍坊市辖域的临朐县,济宁市辖域的泗水县,泰安市辖域的新泰市,枣庄市辖域的市中区、峄城区、台儿庄区,以及山亭区内的部分地域。就其区位特点来说,"沂蒙属于鲁东南地区,地势南北狭长跨度为228公里,东西宽度161公里,西北高东南低。区域范围内以低山丘陵为主,鲁山、沂山、蒙山、尼山四大山脉自北而南呈西北东南向延伸,沂河沭河及其支流贯穿境内。总体上,山地、丘陵、平原各占三分之一。山地集中分布在沂水、沂南、蒙阴、平邑、费县、莒南等县。丘陵主要分布于山区外围,沂水、沂南、莒南、兰山、苍山、临沭、郯城、平邑等地都有分布,以沭河以东分布最广。平原有沂沭河冲积平原、山间沟谷平原、涝洼平原。沂沭河冲积平原主要分布在沂水南部、沂南东部、河东、兰山、罗庄、苍山、郯城。山间沟谷平原主要分布在费县、平邑中部,蒙山前平坦谷地,蒙阴、沂南、沂水等县的山间沟谷之中。从区域内山峰丘陵的走势来看,适宜于开展游击战争,而平原的物产供应则保障了战争的进行。"②对此,费孝通先生在1991年到沂蒙山区进行实地考察,看到麦收前夕遍地金黄的沂蒙山野时,曾在《沂蒙行》一文中这样写道:"正是这个出可以攻、退可以守的地形使沂蒙山区在抗日和解放战争时期,成了华东有名的革命根据地。这是它成为'老区'的由来。"③由此可以看出,沂蒙精神在沂蒙这块土地上的

---

① 三区:兰山区、罗庄区、河东区;九县:沂南县、沂水县、莒南县、临沭县、郯城县、兰陵县、费县、平邑县、蒙阴县。临沂市地名委员会办公室.临沂市地名图册[M].北京:星球地图出版社,2000:1.

② 李浩源.沂蒙精神形成基础研究[D].曲阜:曲阜师范大学,2019:12.

③ 费孝通.行行重行行1983—1996(合编本)下[M].北京:生活·读书·新知三联书店,2021:635.

萌生与发展,与该区域独特的地理位置和地形特点有着极为密切的关系。

在漫长的历史发展中,沂蒙地区形成了悠久而辉煌的地域文化。从沂源骑子鞍山遗址、日照秦家官庄遗址、平邑白庄村遗址、沂水南洼洞遗址等考古发现中可知,早在四五十万年前的旧石器时代,沂蒙地区就有了沂源猿人的活动。他们在此打制石器、捕鱼围猎、繁衍生息,并开始刻画、使用简单的文字符号,创造了辉煌灿烂的远古文明,因此,这一地区是中华文明尤为重要的发祥地之一。

(一)东夷文化

距今大约一万年前,沂蒙先民开始进入新石器时代,他们逐渐学会了使用磨制石器,并开始制作各种陶器等生活用具。例如,在沂源县扁扁洞遗址中,考古学家发掘出了能够缝制衣物的骨针,其打磨工艺十分精良,充分代表了当时生活于此地的先民在制作工具方面的高超技艺水平,也反映了当时沂蒙地区生产和生活的基本风貌。六七千年前,沂蒙地区史前文化进一步发展至东夷文化阶段。这一文化形态"是由东夷人创造的包括北辛文化、大汶口文化、龙山文化、岳石文化直至进入阶级社会后的青铜文化在内的各个不同时期文化的通称。"①沂蒙地区是东夷人的主要聚居地,故而也是东夷文化的重要发祥地。根据学界研究,东夷人有"尚酒"之风,特别是在北辛文化、大汶口文化和龙山文化时期,饮酒是东夷人的普遍风习,这种风习在推进东夷人不断改进酿酒技术的同时,也促使他们进一步提高了酒器制作的工艺,这一时期出现了种类繁多的酒具器皿。"有沥酒

---

① 苑朋欣.沂蒙精神溯源研究[M].济南:山东人民出版社,2017:17.

的漏缸,盛储酒曲发酵的陶尊,接酒、盛酒用的陶盆、陶瓮,饮酒用的单把杯、单耳壶、厚胎高柄杯、薄胎镂孔高柄杯,龙山文化时期还出现了蛋壳高柄杯;酒具数量更是惊人,莒县陵阳河45座大汶口文化晚期墓,随葬的高柄杯一类饮酒用具高达663件之多,约占墓地出土遗物总数的45%。"①这些酒器的大量出土,不仅有力证明了东夷人对酒的喜爱,也使我们约略窥见酒对东夷人性格的重要影响。在我国古代,人们的饮用之酒主要是由黍或稻酿制而成的粮食饮品,在日常生活中适量饮用此类酒水不仅有利于通筋活血、强身健体、防病治病,还有"以酒会友""酒以成礼"的社会功能,有利于提高人们的交际能力,故而东夷人在日常生活中形成的"尚酒"之风,在很大程度上也促使他们逐渐形成了热情好客、开放包容的精神品格。另外,东夷人还具有"崇勇好战"之风,生活于此地的东夷先民,很早就发明了弓箭、铜制盔甲和兵器,并且在长期历史发展中涌现出了很多英雄人物。例如,与传说中的黄帝勇猛对战的蚩尤,勇敢射日救民于水火中的后羿,都是东夷文化发展史上著名的勇士,这种崇勇好战之风对世代生活于此地的后世百姓自然产生了深远的影响,强化了他们勇猛英武、不畏强权的品格。

而在东夷文化序列中,沂蒙地区还出现了太昊、少昊两位极具影响力的氏族首领。太昊即伏羲,相传其创八卦、设人道、定官职、作礼乐,推动中华民族发展进入文明时代。根据学界考证,其活动区域主要分布在今沂蒙地区的泗水县、平邑县、沂南县、费县、沂南县、蒙阴县以及和这一地区相邻的济宁一带。少昊,相传为黄帝后裔,在其统

---

① 周立升,蔡德贵.齐鲁文化通论 下[M].济南:山东人民出版社,2015:52.

领部族时期,主要活动于今莒县、莒南县、郯城县和日照市辖域,后期部族势力迁展至曲阜一带。太昊氏与少昊氏先民分别以龙和凤为图腾,因此在东夷文化中一直流传着长人和羽人的神话传说,这一现象对中华民族龙凤文化的兴起与发展产生了重要影响。"东夷族的龙凤图腾是由雷图腾和太阳图腾引发的,图腾神话中的龙凤形象经常和雷神、太阳联系在一起。……龙是传说中的神物,'欲尚则凌于云气,欲下则人于深渊,变化无日,上下无时。'《管子·水地》凤是鸟的理想化,鸟的最大擅长是能在空中飞翔,比人们在地上行走自由得多。"[①]从太昊氏与少昊氏的龙凤图腾崇拜中,我们可以充分感受到在漫长的历史发展中,生活于此地的东夷先民有着热爱生活、积极乐观、祈愿长生不老的美好愿望,以及依靠团结奋斗的集体智慧和勤劳不辍的群体努力,在这块土地上与草虫为伍、与灾害搏斗的生活风貌。他们虽然身处地形复杂、环境险恶的山地丘陵,但为了谋生和发展,始终秉持着坚韧不拔的生命毅力,吃苦耐劳、发奋图强,经过一代又一代东夷人的传续,逐渐形成了勤劳勇敢、积极奋进的集体人格。而在这种集体人格的影响下,后世沂蒙人民继续保持着艰苦奋斗、积极求变的精神,他们重视政治军事和经济发展,以勇猛的力量把这种地域文化品格不断推向前进。

(二)齐鲁文化

商周时期,沂蒙地区还留存着郯、莒、费等古国。春秋战国时期,沂蒙地区分属齐、鲁等国,随后部分区域及至全部区域逐步被齐、鲁、楚、越等国占据,由此,东夷文化与齐、鲁、楚、越等具有不同地域特点

---

① 李炳海.楚辞与东夷族的龙凤图腾[J].求索,1992(5):78-82.

的文化在这里相融交汇,特别是齐文化和鲁文化对这一区域的影响更为深远。关于齐鲁文化的特点,张富祥先生在《齐鲁文化综论》中认为,齐鲁地区自古就是一个统一的文化实体,作为中国传统文化的重要发源地,西周初期,齐国和鲁国的建立,就已经标志着"齐鲁文化"的诞生。而从其历史发展特征来看,齐鲁文化也的确从未显示出次生或派生的文化形态,它们始终作为典型的"中原文化"而存在,表现出高韧度的传承性,高强度的稳固性和密集性,多方向的辐射性以及高度的"自我意识"等。具体来说,齐文化与鲁文化在气质风格上又有所不同,尤其是在先秦时期,这种相异性更加明显,从它们的发展演变来看,鲁文化主要形成于周初时期周公制定的一套礼乐制度,其基本风格是质朴务实、注重传统,一切推本于礼乐,而不轻立新说。齐文化与鲁文化相比,其形成与发展则更加注重兼收并蓄,以不拘于传统为传统,由此更富有想象力和创造力,风格也更为活泼开放。综合来看,此两种在先秦时期文化交流中形成的具有不同内蕴特质的地域文化,相互之间又不是封闭和孤立的,而是不断交流并相互渗透,虽然这种渗透有时融合着以战争为手段的暴力冲突,但仍旧为两种文化在更深层次上的交汇创造了有利条件,最终促成了既务实重礼,又开放进取的齐鲁文化。而其又对沂蒙地区东夷文化的发展产生了重要影响。例如,齐鲁文化的开放性,进一步增强了沂蒙人民奋进求变的思想和积极应对恶劣生存环境的勇武精神。而以合乎周礼为准则的礼乐文化传统,又将无所不在的秩序规约渗透至此处居民的日常生活中,故而使得地域文化品格表现出浓重的伦理性和鲜明的正统性特点。"东夷文化与齐鲁文化的融合,使沂蒙地区的文化吸收了鲁文化的敦厚重礼、齐文化的开放进取、兵家文化的果断雄武和楚文化的豪放典丽,独具特色的文化背景使得沂蒙人民逐步形成了重义轻利、乐于奉献的性格,为沂蒙精神的产生奠定了深厚的文化基础。"①

千百年来,巍巍沂蒙历经东夷文化、齐鲁文化的浸染与熏陶,最终形成了内蕴丰厚、地域色彩鲜明的沂蒙传统文化。"以王祥为代表的孝文化,以诸葛亮为代表的忠文化和智慧文化,以王羲之、颜真卿为代表的书法文化,以孙武、孙膑为代表的兵文化等,在沂蒙文化发展史上留下了深厚的印记,至今仍闪耀着夺目的光芒。"②在此基础上,沂蒙地域文化最终凝练出属于自己的独特品格:"刚正无私,廉洁自守,精忠报国,仁爱孝悌"③,以及"沂蒙人所具有的刚正不阿、敢于直言和威武不屈的品格。沂蒙人秉性刚直,笃实纯厚,正义感强,不阿于权贵,屈意媚上"④的风骨。总之,在长期历史发展中,东夷文化与齐鲁文化深度融合,使沂蒙地区获得多方文化滋养,这种多元文化背景,最终使生活于此地的百姓形成了"重义轻利、乐于奉献"的美好品格,为革命战争年代沂蒙精神的产生奠定了坚实的基础,沂蒙精神正是在此深厚的历史文化基础上产生和成长壮大起来的。由此,我们也可以看出,沂蒙人民整体表现出的这种地域精神品格,不仅是历史发展的深厚沉淀,也是世代生活于这方水土之上的人民群众自觉延续的地域精神的美好升华,特别是在关乎国家与民族命运的危急时刻,这种独具沂蒙地域色彩的精神品格,总是以更为璀璨的光辉,

① 李洁.沂蒙精神及其当代价值[D].北京:首都师范大学,2014:5.
② 徐东升,汲广运.沂蒙精神研究[M].济南:山东人民出版社,2017:183 – 184.
③ 李浩源.沂蒙精神形成基础研究[D].曲阜:曲阜师范大学,2019:15.
④ 苑朋欣.沂蒙人民的文化品格:沂蒙精神形成的历史文化渊源[J].临沂大学学报,2018(5):20 – 29.

再次呼应新的时代需求,焕发新的精神风貌,铸成新的民族能量。

二、革命传统

沂蒙精神的产生不仅有着辉煌灿烂的文化根基,也有着光荣悠久的革命传统。从古代到近代,在沂蒙这块热土上,发生过多次大规模抗击暴政的农民起义和反抗强权压迫与外敌入侵的革命斗争,这种不怕牺牲、勇敢谋求生命尊严与人格独立的英雄事迹,在一代又一代沂蒙人民的传播颂扬和躬身实践中,进一步深化了沂蒙地域的精神品格。"朴实、忠厚、仁义、孝悌、正直、勇敢、勤劳、善良是沂蒙人民的显著特性。沂蒙精神所体现出的大忠、大义、大爱、大智、大信、大勇等精神品格,无不打上了区域文化的烙印。"[①]

（一）沂蒙地区反抗强权暴政的农民起义

在漫长的封建社会,面对欺弱凌强的皇权霸政和阶级压迫,从不妥协屈服的沂蒙人民发动过多次声势浩大、影响深远的农民起义运动。

西汉末年,王莽篡权,法政严苛,农民土地被权贵肆意掠夺,政府苛捐杂税却有增无减,百姓生活苦不堪言。琅琊郡海曲（临沂日照县）人氏吕育[②]在担任某地县吏时,因同情百姓疾苦,没有依规征收捐税,被县宰杀害。看到儿子冤死,吕母悲痛万分,决意揭竿而起、为子报仇,与残暴的皇权势力抗争到底。她散尽家产,慷慨救助贫困百姓,以勇武正义的品格受到人们的敬重和爱戴,而其所提出的"杀人当死"反抗主张,在斗争过程中也逐渐超越为子报仇的局限,赢得沂

---

① 徐东升,汲广运.沂蒙精神研究[M].济南:山东人民出版社,2017:184.
② 临沂地区出版办公室.沂蒙风物史话[M].济南:山东人民出版社,1980:53-55.

蒙地区更多被压迫民众的认同与拥护,他们纷纷加入吕母的反抗队伍,渐渐汇聚成一股强大的斗争力量。在吕母带领下,他们寻找各种机会勇敢打击暴力强权,极大地震慑了剥削阶级的统治权威,以至于在起义军力量急剧壮大时,王莽政权不得不以利相诱,劝其归降。吕母带领下的农民起义军却始终立场坚定、团结一心,没有一人向王莽政权屈服。吕母去世后,他们中有的人在战争中宁死不降、献出生命,有的人则加入樊崇领导的赤眉军,与专制王权继续作斗争。这种追求公平、不怕牺牲、英勇无畏的斗争精神,深刻影响了后世沂蒙地区勇斗强权传统的形成。

隋朝末年,隋炀帝尚事功、喜征伐、用酷吏、滥施刑,致使苛政猛于虎,民间百姓怨声载道,反抗暴政的农民起义运动此起彼伏。仅今沂蒙地区及周边一带的队伍就有彭孝才、宋世谟、张大虎、卢公暹、徐圆朗、张善安等多支。其中,琅琊郡东海志士彭孝才,于公元613年九月举旗反隋,很快响应者"众数万",他们在彭孝才带领下,英勇打击贪官酷吏,对当时的统治阶级构成了很大威胁。公元616年,彭孝才率起义军攻打怀仁县(今江苏赣榆北),后转攻沂水,占据五不及山,隋军派兵围剿,彭孝才率部下奋勇御敌,但最终寡不敌众,战败被俘,其本人遭受酷刑而死,余众也由此亡散。[①] 公元614年五月,琅邪郡(治临沂,今山东临沂)爆发了以宋世谟为首的农民起义。[②] 这些隋末农民起义虽以失败告终,却极大地鼓舞了沂蒙人民抗击强权暴政的信心和勇气,强化了沂蒙地区民众不畏强权、敢于反抗的精神品格。

---

① 宋锡民.隋末山东农民起义述略[J].东岳论丛,1984(6):81 – 85.

② 王仲荦著.隋唐五代史 下[M].上海:上海人民出版社,1990:74.

（二）沂蒙地区反抗异族凌侮的百姓斗争

南宋时期,雄踞中原的金朝政权,是以女真人为主体的多民族联合政权,为了维护女真人的统治地位,在政治、经济、科举、官职升迁、土地占有等方面,金朝皇室通过实施各种政策,优先保障女真人的民族特权,汉族百姓的利益被无情剥夺,而且为了消除汉族百姓的民族意识,金朝初期还以女真风俗同化汉人,"下令禁民汉服及削发不如式者死"①,"小民有衣韎鼻裤短裤者,亦责以汉服,斩之"②,由此,使得生活于这一环境中的汉族百姓深受凌侮,加之后期统治者横征暴敛,最终引发了人民的强烈反抗。金朝末年,活跃于临沂莒南马鬐山一带的红袄军就是一支赫赫有名的反金队伍,他们的首领是潍州北海(今山东潍坊市)人李全和益都府益都(今山东青州市)人杨妙真,二人皆武艺高强、忠勇侠义,彼时深受沂蒙一带各路义军力量的拥戴,所率勇士最多时竟达万人之众。红袄军主要活动于今鲁中、鲁南和胶东地区,他们团结一心、奋勇杀敌,给暴虐的金朝政权以十分沉重的打击。1217年,李全、杨妙真秉持抗金复宋大义,接受南宋朝廷诏安,以"山东忠义军"之名开始了更加壮烈的反金斗争。"红袄军曾反抗金朝官军镇压、抵御过蒙古兵的侵掠,也曾反抗过南宋官军的剿杀,表现了那一历史时期山东淮海一带民众反抗封建压迫、抵御外族侵掠的优良传统。"③这种传统也直接影响了明末以费县梁邱人王俊为首领的鲁南起义军的抗清斗争。

---

① 董克昌.大金诏令释注[M].哈尔滨:黑龙江人民出版社,1993:379.
② 尤中.中华民族发展史:第2卷 辽宋金元代[M].昆明:晨光出版社,2007:334.
③ 赵文坦.山东的几片摩崖石刻与宋金元之际红袄军故事[J].齐鲁文化研究,2012(00):65−68.

（三）沂蒙地区抗击外敌入侵的英雄表现

根据《莒州志》所记载，明朝嘉靖年间，沂蒙地区还出现一位声名远扬的抗倭英雄，即莒州状元坊（今山东莒南县坪上镇大铁牛庙村）人孙镗。公元1554年，倭寇突犯松江府西（今上海苏州河以南地区），此时孙镗正好寓居于此，面对紧迫形势，他不及多想，更将个人生死置之度外，迅速拿起武器、集结力量，"剑帅壮士百余人击贼于南汇，败之，追奔至蔀门，射杀十余人，创数十人，贼退屯石湖桥，镗乘胜深入，陷重围中，战死。"①英武勇敢的孙镗在抵御外敌入侵时，勇敢击退多名来犯倭寇，终因寡不敌众，以身殉国。其不惧生死、坚决与入侵者斗争到底的精神，充分体现了沂蒙人民不怕牺牲、忠诚爱国的美好品格。这种品格润泽后世，使沂蒙山区日益形成独具地域特点的革命传统。这种优良传统总是鼓舞着一代又一代沂蒙人在家国利益受到损害时，与入侵者和各种压迫势力作坚决斗争，哪怕付出生命也在所不惜。

晚清时期，沂蒙地区不断爆发的反帝反封建斗争，即是对这种革命传统的自觉继承与传续。鸦片战争后，西方宗教势力开始入侵中国，沂州府境内的部分外国教会无视我国律法，放任教徒为非作歹、欺压百姓、兼并土地、囤积居奇，甚至逼迫沂蒙百姓向洋教堂纳"捐"。面对西方宗教势力的欺辱行径和侵略行为，沂蒙人民忍无可忍，也毫不惧怕，他们团结一心、奋起反抗。1888年至1899年，郯城、日照、沂水等地民众，纷纷掀起大规模的反洋教运动，被外敌欺侮的沂蒙百姓愤怒地攻打教堂、严惩传教士和教徒，重创西方宗教势力，沉重打击

---

① 李国祥,杨昶.明实录类纂浙江:上海卷[M].武汉:武汉出版社,1995:1132.

了他们的嚣张气焰,在当时社会引起了巨大回响,史称"沂州教案"。"教案"发生后,德国等乘机派兵入侵日照和兰山,进行报复,对百姓烧杀抢掠。腐朽的清政府不仅无力解救百姓,甚至帮着洋人镇压百姓,事后还被勒索白银近8万两,这种昏庸懦弱的行径,进一步激发了沂蒙百姓的反抗之心,他们为争取个人的正当权益和不受外敌欺侮,走上了长期反抗的道路。义和团运动爆发后,沂州府属各州、县义和团的民众均纷纷响应,他们无惧牺牲、全力配合,积极发动了多次武装斗争。而在反抗帝国主义势力对我国进行经济掠夺的斗争中,沂蒙民众在本地爱国人士领导下,还一举收回了沂州路矿权,沉重打击了沂蒙地区的侵华势力。

经过这些反抗斗争,沂蒙地区的爱国青年日渐成熟起来,他们不仅积极参与斗争,还积极宣传反清革命主张,并在自己的家乡创办新式学校,用以传播更加先进的革命思想,进而对更好地启发、鼓舞沂蒙民众的反抗精神产生了重要影响。五四运动后,沂蒙地区的工人阶级逐渐成长为一支先进革命力量,沂蒙人民在工人阶级的带领下,逐渐汇聚成一股更加强大的革命洪流,有力推动了沂蒙地区革命斗争形势的发展。

三、党的引领

沂蒙地区有着悠久的革命传统,一旦获得先进的思想指导,沂蒙人民勤劳朴实、忠诚仁义、敢于反抗、勇于斗争、不怕牺牲、无惧艰难的地域文化品格,便自然生发出一种崇高的使命意识和美好的理想追求,在党的领导下,这种崭新质素的融入,最终推动了沂蒙精神的产生。有研究者认为:"沂蒙历史文化品格的合理成分通过中国共产党的引领,在民族民主革命和民族解放的历史进程中,作用于山东党政军和沂蒙人民这一命运共同体,而形成良性的党群关系和军民关系,体现出了沂蒙精神的本质特征。"①

（一）先进思想引领

近代中国风雨飘摇、内忧外患,清政府的昏庸无能和腐朽没落,使得中华民族颓靡不振、岌岌可危。在这百年未有之大变局中,如何把握国家与民族前行的航向,便成为这一时期诸多仁人志士竞相思考和解决的首要问题。洋务派主张"师夷长技以制夷",倡导"中体西用",最终却难以标本兼治。维新派主张以变法求发展,最终却付出了戊戌六君子的宝贵生命。资产阶级立宪派主张实行君主立宪,保留君主地位,最终却因清廷"皇族内阁"而失去人心,走向失败。资产阶级革命派主张以暴力推翻帝制,建立共和政权,最终却被他人篡取胜利果实……就在中华民族生死存亡的关键时刻,俄国十月革命的胜利,为我国送来了马克思主义,在这一先进的理论指导下,中国革命很快打开了新局面,从此,中华儿女在马克思主义理论指导下开启了民族复兴的新征程。

20 世纪 20 年代初,年轻的共产党员王尽美回到家乡临沂莒县,在北杏村一带积极传播马克思主义,由此点燃了沂蒙山区革命的星星之火,这被视为沂蒙精神的发端。王尽美曾于 1921 年作为山东共产党早期组织代表,赴上海参加了中共一大,1922 年,他又参加了中共二大,并一直负责山东党组织的主要工作。王尽美对马克思主义理论知识掌握得十分熟练,因出身贫寒家庭,自幼饱尝生活艰辛,故而对民间疾苦深有体会,能够体察百姓的心声诉求,了解百姓的理想

---

① 李浩源.沂蒙精神形成基础研究[D].曲阜:曲阜师范大学,2019:16.

愿望。十二岁读书时,王尽美开始接触到一些思想进步的知识分子,并阅读了大量进步书籍,逐渐萌生出救国救民的伟大志向。也正因为此,五四运动爆发后,随着马克思主义在山东的传播,王尽美很快就对这一先进理论由新奇转向热爱,最终成为其一生追求的信仰。1920 年,王尽美赴北京跟随李大钊学习马克思主义理论,通过认真研读马克思主义著作,他很快就掌握了马克思主义理论的精髓,并将之积极付诸于革命实践中。回到山东后,王尽美组织学生罢课、商人罢市和工人罢工,并于 1921 年春和邓恩铭等人在济南成立"山东马克思学说研究会",吸纳学生、职员、手工业工人等各行各业劳动者为会员。随后,其又成立"励新学会",创办《励新》杂志,自觉运用马克思主义观点和方法,分析研究中国社会存在的各种问题。可以说,作为沂蒙地区早期党组织的领导者,王尽美在向沂蒙人民宣传介绍马克思主义理论时,充分发挥了引领作用。他熟悉家乡的一草一木,了解家乡民众的生存所需,熟知家乡百姓的生活习俗,在宣传介绍马克思主义理论时,他总是能因人而异、对"症"下"药"。他善于通过各种喜闻乐见的活动,将马克思主义理论传播至民众生活中,达到启蒙大众、宣传教育的目的。他擅长诗词创作,因此在宣传马克思主义时,会将不容易被民众理解的理论知识改造成朗朗上口的民间歌谣,让沂蒙百姓更轻松地理解和接受马克思主义知识,获得思想的提升和人格的觉醒。当然,更为重要的是,作为沂蒙地区党组织的领导者,王尽美对待党的事业始终兢兢业业、不辞劳苦,其为国为民鞠躬尽瘁的工作态度和宽厚仁爱、热情忠诚的美好品格,也时刻影响着沂蒙百姓对共产党人优良品质的认知,日益感受到马克思主义理论的先进与正确。

1927 年 4 月,沂蒙地区第一个党组织——中共沂水支部正式成立,其自成立之日起,就以传播马克思主义理论为重要任务,他们发动群众在当地成立读书会、小学教员联合会和农民协会。借助同乡、同学关系,联系了追求进步的青年知识分子,向他们讲述国内革命形势,让骨干力量到学生、教员、农民中做宣传工作,鼓励群众反抗当局对他们的剥削和压迫,积极开展各种实践活动,使国共合作、国民革命胜利进军、军阀部队节节败退的消息在城乡传开,开拓了民众的视野,增强了民众的革命意识,培养了党的接续力量。抗日战争时期,根据党中央的指示,沂蒙地区党组织带领人民积极进行根据地建设,分别在沂水、日照、莒县建立了抗日基层政权,这种基层抗日阵地建设以先进的思想为引领,极大地增强了沂蒙人民群众的抗战力量,提高了沂蒙人民的凝聚力和向心力,升华了地域精神品格。

正如《中国共产党章程》所指出的,马克思列宁主义揭示了人类社会历史发展的规律,它的基本原理是正确的,具有强大的生命力。这种强大的生命力自然产生了强大的引领力。马克思主义理论使沂蒙人民开始认识到,无产阶级运动是为绝大多数人谋利益的运动,无产阶级是新社会的创造者,中国共产党是以为人民谋解放和谋幸福为初心使命的党,其代表的是无数受压迫和受剥削的劳苦大众的利益,其与其他政党有着本质的区别。中国共产党永远有着人民的情怀,并站在人民的立场上。沂蒙地区党组织的成立仿佛一盏明灯,瞬间照亮了沂蒙人民前进的方向,进一步激发起了沂蒙人民反抗剥削和压迫的决心与斗志,在沂蒙党组织和马克思主义思想的引领下,沂蒙地区的革命斗争活动揭开了新的篇章,沂蒙革命传统也焕发出新的生机与活力。

（二）正确方向引领

沂蒙地区党组织的成立,除了以先进的马克思主义理论启迪人们的思想觉悟,也为沂蒙人民的生活实践和斗争活动提供了正确的方向。

在沂蒙党组织成立初期,党员领导群众积极贯彻执行党的革命统一战线方针政策,他们不辞辛苦地奔波游走于济南、青岛、潍县和青州等地,以先进的理论和崇高的理想,直面现实问题,积极带领各地民众反抗剥削与压迫、抗击外敌入侵与欺辱,为地方百姓的革命斗争指明了正确方向,使相对涣散的群众革命力量走向更加团结和集中。1932年8月至1933年7月,沂蒙地区党组织在山东省委要求和指导下,领导当地百姓发动了日照、沂水、苍山、龙须崮四次大规模农民暴动。在暴动中,党领导人民队伍不怕困难、勇往直前,沉重打击了反动政权和土豪劣绅的嚣张气焰。例如,在准备发动日照暴动时,日照党组织先后召开三次会议,集中讨论制定暴动路线、兵力分布和指挥分工等事务,最终决定将暴动队伍分为南北两路,由党组织主要负责人安哲指挥北路,由日照县委第一任组织部部长牟春霆和党组织先期派往日照的郑九天指挥南路。他们相互配合,团结协作,带领农民队伍在莒县、诸城和日照三县交界处开展了多次游击战争,极大地提升了农民队伍的战斗力,为正式发动暴动积累了经验。1932年10月13日,南北两路武装力量同时发起暴动,"北路暴动队伍在安家村、于家村收缴地主的枪支,烧地契、分地主的粮食,整编队伍,于14日攻占了王家滩,收缴了商团、民团、盐警的武装,将暴动队伍整编为2个大队、6个中队,组织了侦察队、奋勇队、辎重队、看护队,共200余人枪。南路暴动队伍以牟家小庄和山字河、邵疃为中心,在周围十几个村庄收缴地主枪支,分地主的粮食。随后将 200 余人的队伍集合于望海寺,准备攻占涛雒。因敌人已有准备,于是放弃攻击。16 日,南路队伍决定与北路暴动队伍会师。17 日,以韩复榘部运其昌旅为主的大批敌人赶赴日照镇压,致使北南两路暴动队伍未能实现会师。此后,北路队伍冲出敌重围,决定疏散队伍,转移干部。南路队伍当获知北路已疏散转移,南路队伍遂于 26 日化整为零,转入地下斗争。日照暴动从 10 月 13 日晚至 26 日,共坚持 13 天,经过大大小小战斗 30 多次。它是当时山东省内规模最大的一次农民武装暴动。"①

正是在党的领导下,沂蒙农民革命才有了更加明确的斗争方向,他们所到之处,收缴豪强地主的枪支弹药、烧毁剥削者手中的房契地契,将地主霸占的土地和财产全部分给贫苦百姓,人民有了土地和粮食,无不欢欣鼓舞、心存感激。而地主豪绅、反动当局面对一次又一次声势浩大的农民暴动惊恐万分,调集更大规模的军事力量对农民队伍进行反扑镇压。彼时,虽然沂蒙地区党组织极力斡旋,寻找化险为夷的策略,但终因早期组织力量薄弱,加之受到王明"左倾"错误路线的影响,党领导农民发动武装暴动的经验不足,最终在反动政府和地主武装势力的强大镇压下,各地农民暴动相继失败,沂蒙地区的党组织也几乎全部遭到破坏,大批党组织负责人和革命群众在战斗中牺牲或被敌人逮捕后被残忍杀害。例如,苍山暴动主要负责人刘之言,在与敌人的斗争中,为掩护战友突围,不惜暴露自己,高喊:"共产党在这里!"无所畏惧地把敌人引向自己,被捕后英勇就义。暴动队

① 徐东升,汲广运.沂蒙精神研究[M].济南:山东人民出版社,2017:98.

员张星,在暴动前夕刚刚加入中国共产党,只学会唱《国际歌》中的"起来,饥寒交迫的奴隶",他被敌人逮捕后,在去往刑场的路上,反复高唱此句,留下一路壮志豪情,闻者无不沉痛叹息。暴动负责人之一徐腾蛟,在暴动失败后也毫不屈服,留下八句誓言,表达个人崇高心志,被逮捕后从容就义。

在抗日战争时期,面对日军的残忍暴行,沂蒙人民在党的领导下,不怕牺牲、英勇反抗,发动了渊子崖自卫战、西山前战斗、徐好子村自卫战等,沉重打击了日本侵略者的嚣张气焰,同时,也利用游击战、"麻雀战"、地雷战等战术,与敌人巧妙斡旋,成功保卫和发展了沂蒙根据地,进一步淬炼了自身勇武顽强、不畏强敌的英雄气概。在沂蒙地区党组织带领下,沂蒙人民除了与敌人进行正面作战,还根据党中央的指示,积极进行根据地建设。沂蒙党组织分别在沂水、日照、莒县建立了抗日基层政权,这种基层抗日阵地建设极大地增强了沂蒙人民群众的抗战力量,提高了沂蒙人民的凝聚力和向心力,升华了地域精神品格。

沂蒙地区早期党组织领导的农民革命,虽然历尽曲折、饱经磨难,但在与人民群众共同成长和团结斗争的过程中,充分锻造了沂蒙共产党人矢志不移、坚韧不拔的精神品格,为沂蒙精神的诞生写下了最早的一笔。沂蒙党组织在历尽劫难后保存下来的党员力量,并未被残暴的敌人吓倒,他们擦干血迹,继承烈士遗志,恢复和发展被敌人破坏的党组织,鼓励发动群众继续为争取自身解放而斗争,极大地提升了中国共产党在沂蒙人民心中的崇高地位。沂蒙党组织不怕牺牲、无惧牺牲、坚决斗争到底的革命精神,也为抗战爆发后党中央以沂蒙山区为中心创建山东抗日根据地,奠定了坚实的组织基础和群众基础。

（三）斗争形式引领

自古以来,沂蒙山区地少人多,百姓生活比较贫苦,而长期封建社会发展,又使得土地资源更多集中至剥削阶级手中,因此,为了生存,缺少土地的农民不得不与拥有大量土地的地主之间形成了一种长期租佃关系,与此相适应的,在沂蒙地区便逐渐形成了诸如"指种地""干拔工""拍牛客"等加重农民经济负担的变相剥削方式。"'指种地',也称棉花地、白代地,是指佃户要为地主毫无报酬地代种一定数量的土地;'干拔工',是指凡遇地主家修墙、婚丧嫁娶、探亲、上坟填土、打更、运输等事,地主都要向佃户拔工,离地主家近的还要为地主扫雪、挑水;'拍牛客',是指佃户出一切农本,地主出牛出料,最后佃户和地主四六分成。"①这种状况一直延续至民国,并且经过长期磨合共生,大多数农民已经自觉认同并接受了这种剥削方式。他们阶级意识淡薄,对豪强地主乃至富农阶层的经济剥削并不十分憎恶,只要能保证个体家庭的基本生存就心满意足,很难产生强烈的反抗之心。另外,受传统儒家思想影响,沂蒙山区的农民阶级具有明显的宗族与乡党伦常观念,很多地主与他们都属同宗同族关系,因此,他们在处理自身与地主之间关系时,更多从血缘族群角度去认知与理解,而在这样一种思想引导下,很多农民不仅感受不到个人生活贫困是被压迫、受剥削的结果,反而有时还对那些剥削者心存感激,"在许多农民的意识中,缴租不仅是一种经济上的负担,同样也是一种道义上的责任,租田、交粮是天经地义的,'地主给咱地种,咱给人家交租

---

① 王成娟.互动与博弈:沂蒙革命根据地减租减息运动中的农民群众动员[J].行政与法,2018(12):58.

是应该的''地主凭地,穷人凭力.'农民群众普遍认为土地是地主的,'地主养咱穷人,人家不给咱地种,不都饿死了吗?'甚至有的农民把自己的穷苦生活都归于命不好."①在沂蒙地区党组织成立之前,虽然也有农民力量对地主阶级的剥削予以反抗,但基本上都是零散的、个体化的、目标单一的和收效甚微的.他们力量分散,斗争形势单一,很难对剥削势力形成强有力的打击.直至沂蒙地区党组织成立后,他们才有了将自身力量集合起来的引领者,他们的斗争形式也日益丰富起来.

沂蒙农民武装在党的引领下,集中发动了一些目标明确的革命暴动,参与了沂蒙地区的减租减息运动,甚至以公开谈判方式向剥削阶级和反动政府勇敢争取自身权益."1942 年 6 月,滨海区莒南县大店区周围 20 余村的千余名贫苦农民在农救会领导下结队游行,要求地主租地.斗争有理、有利、有节,经过激烈谈判与协商,地主当场表示将 1500 亩土地分租给 486 户贫农,并按照'双减'协议订立了租约."②沂蒙党组织还领导沂蒙人民积极开展大生产运动、减租减息运动,有力保障沂蒙人民的生活需要.同时,沂蒙党组织也带领沂蒙人民开展各种文化建设活动,秘密翻印出版各种传播先进思想和党的方针政策的书籍报刊,组织各种形式的冬学运动和新文艺活动,积极动员沂蒙妇女参加识字班……这些新的斗争形势有效改善了沂蒙人民的物质生活,丰富了他们的文化生活.更为重要的是,勤劳质

---

①　王成娟.互动与博弈:沂蒙革命根据地减租减息运动中的农民群众动员[J].行政与法,2018(12):58.

②　王成娟.互动与博弈:沂蒙革命根据地减租减息运动中的农民群众动员[J].行政与法,2018(12):60-61.

朴、善良勇敢的沂蒙人民在这一过程中,越来越深切地体会到中国共产党是全心全意为人民谋利益的党,他们也越发感激和拥护中国共产党的领导,进而更加坚定了一心一跟党走、全心全意干革命的积极性,增强了跟随党谋求民族解放和个人自由的革命热情。

　　总之,在党的引领下,沂蒙地区人民群众反抗剥削和压迫的斗争形势不断丰富,"农民由一盘散沙走向团结,由分散走向组织,从而打破了农村传统的权力体系框架,成为党领导下的革命力量。"①沂蒙人民从此有了主心骨和贴心人,反帝反封建和反压迫的革命斗争开始进入新的历史时期,为沂蒙精神的"铸造"点燃了熊熊烈火。

第二节　沂蒙精神的提出

　　沂蒙精神是沂蒙人民在长期革命斗争和建设实践中逐步形成和发展起来的先进群体精神。从历史发展角度来看,沂蒙精神的产生与内涵提炼主要经历了三个阶段:一是革命战争年代,沂蒙精神内涵的初步形成;二是社会主义建设时期,沂蒙精神内涵的快速成长;三是改革开放至今中国特色社会主义新时代,沂蒙精神内涵的发展深

---

① 王成娟.互动与博弈:沂蒙革命根据地减租减息运动中的农民群众动员[J].行政与法,2018(12):61.

化。从沂蒙精神的内涵变迁来看,时至今日,其发展仍不是完成式,沂蒙精神始终与国家、民族发展同呼吸共命运的特质,推动其内涵发展不断与时俱进,更加丰富深邃。

一、命名源起

作为一个概念,沂蒙精神的提出与命名,离不开党和国家领导人的关怀和指示,其内涵上升至党和国家宝贵精神财富的高度,也是党和国家领导人给予充分肯定和积极倡导的结果。

新中国成立后,党和国家领导人非常关心沂蒙老区的社会主义建设和改革发展事业。20世纪50年代,毛泽东同志曾三次对临沂人民的先进典型事迹作出重要批示,并多次接见来自沂蒙老区的先进模范人物,对沂蒙老区的发展寄予深切期待和厚望。1955年9月,毛泽东同志对莒南县王家坊前村的“合作化”工作作出批示,指出“发动社员投资,解决合作社生产资金不足的困难,是完全可能的”,从此王家坊前村的“合作化”经验在全国得到推广,沂蒙人民的创造性成就获得了全国认可。1955年12月,毛泽东同志针对莒南县高家柳沟村青年团支部积极开办记工学习班、组织青年农民读书学文化的做法,再次作出批示:“山东莒南县高家柳沟的青年团支部做了一个创造性的工作……这种学习班,各地应当普遍地仿办。”很快,全国各地掀起了“人人下地带本书,户户传来读书声”的学习文化高潮。1957年10月,面对厉家寨人民在贫瘠山岭上齐心协力、艰苦奋斗、整山治水、改造自然、提前十年完成国家粮食生产目标的发展壮举,毛泽东同志又一次作出“愚公移山,改造中国,厉家寨是一个好例”的批示,当年12月,在全国农业工作会议上,国务院授予厉家寨大山农业社“英雄社战胜穷山恶水”锦旗,对沂蒙人民敢于战天斗地、脱贫致富的壮志豪情给予充分肯定和高度赞扬。

改革开放以来,党和国家领导人对沂蒙老区的建设与发展同样十分关怀,他们到沂蒙视察、调研和指导工作,表达对沂蒙老区人民的亲切关怀,并就沂蒙精神的内涵提升发表重要论述,作出重要指示。1990年12月,邓小平同志深情为华东革命烈士陵园题词:"革命精神,光照千秋"。题词中的"革命精神"事实上就属于沂蒙精神内涵的雏形。1992年7月,江泽民同志到山东考察工作,他十分关心沂蒙老区的发展建设,专程到临沂看望老红军、老八路和英模代表,与老区干部群众共商经济发展大计,并欣然题写"弘扬沂蒙精神,振兴临沂经济",鼓励沂蒙人民在社会主义建设事业中再创佳绩。1999年1月,胡锦涛同志到临沂视察,在看到沂蒙革命老区取得的巨大发展成就后,指出:"在长期的革命斗争中,临沂人民为中国革命事业的胜利创立了光辉的业绩,作出了巨大贡献。解放后,临沂人民为改变贫穷落后面貌进行了不懈的努力。改革开放以来,把发扬革命传统同弘扬时代精神结合起来,形成了具有时代特征的沂蒙精神。"①此后,沂蒙精神的宣传与弘扬重心逐渐转移到挖掘沂蒙精神的时代价值上。2001年6月,《人民日报》以《沂蒙精神支撑临沂腾飞》为题,在头版报道了临沂人民弘扬沂蒙精神,在改革开放中取得了巨大的成就。报道同时配发了评论文章《可敬的人民,崇高的精神》,对沂蒙精神进行了提炼与弘扬。

2013年11月,习近平同志到山东考察经济社会发展情况,专程到华东革命烈士陵园,向革命烈士纪念塔敬献花篮,并参观沂蒙精神

---

① 涂可国,张伟,张进.山东文化蓝皮书2012年:文化改革助推强省建设[M].济南:山东人民出版社,2011:43.

展,听取沂蒙地区革命战争历史介绍,亲切会见地方先进模范和当年支前模范后代代表,看望临沭县曹庄镇朱村 83 岁的"老支前"王克昌。他深情诉说自己一来到沂蒙老区,就想起了革命战争年代。在沂蒙这片红色土地上,诞生了无数可歌可泣的英雄儿女,沂蒙六姐妹、沂蒙母亲、沂蒙红嫂的事迹十分感人。山东是革命老区,有着光荣传统,军民水乳交融、生死与共铸就的沂蒙精神,对我们今天抓党的建设仍然具有十分重要的启示作用。这次来沂蒙就是看望老区人民,重温沂蒙精神。革命胜利来之不易,主要是党和人民水乳交融,党把人民利益放在第一位,为人民谋解放,人民跟党走,无私奉献,可歌可泣啊!沂蒙精神要大力弘扬。习近平同志还指出,沂蒙精神与延安精神、井冈山精神、西柏坡精神一样,是党和国家的宝贵精神财富。回顾和总结沂蒙精神的理论研究,对于今后弘扬和实践沂蒙精神有着十分重要的启发意义,要不断结合新的时代条件发扬光大。2018 年全国"两会"期间,习近平同志参加山东代表团审议,当他听到来自沂蒙革命老区的全国人大代表张淑琴提议应该让红色基因注入血脉代代相传时,再次指出,我们的学校特别是中小学校,要多讲传统文化,不能最后教出一批数典忘祖的人。数理化之外,爱国主义教育要加强,要让孩子们知道自己是从哪里来的,红色基因是要验证的。习近平同志关于"军民水乳交融、生死与共铸就沂蒙精神"的精辟论述,深刻揭示了沂蒙精神最为突出和鲜明的特征,为我们从新的高度、用新的视角、以新的理念重新审视沂蒙精神,在新时代发扬光大沂蒙精神,抓好党的建设,指明了前进的方向,沂蒙精神的红色基因在祖国大地代代相传。

自此,在党和国家领导人始终如一的关怀下,沂蒙精神开始上升为党和国家的宝贵精神财富,成为党的优良传统和中国精神及社会主义核心价值体系的重要组成部分。

二、概念确立

沂蒙精神作为一个概念被明确提出,始于 1989 年。当时社会上出现的资产阶级自由化思潮和思想混乱现象,使党的思想政治建设受到了一些冲击。在这一时代背景下,以江泽民同志为核心的党中央和邓小平同志,旗帜鲜明地提出要坚持四项基本原则、加强党的思想政治建设和坚持党的基本路线不动摇。临沂地委敏锐意识到在沂蒙革命老区产生并发展起来的革命精神与优良传统,是一笔宝贵的精神财富,需要进行深入系统的理论研究和弘扬传播,故而,经过一番讨论和研究,1989 年 12 月 12 日,《临沂大众》报发表题为《发挥老区优势　弘扬沂蒙精神》的文章,首次公开提出"沂蒙精神"这一概念。

1989 年 3 月,中共临沂地委召开全区精神文明建设工作座谈会,会议要求总结 1988 年举行先进事迹报告团在全区作巡回报告的经验,继续宣传一批先进典型,进而有针对性地引导全区干部群众树立"五种"精神,即爱国精神、无私奉献精神、改革创新精神、艰苦奋斗精神、开拓进取精神,以此激励全区人民为开发、建设、振兴沂蒙而努力奋斗。在此次会议上,王渭田同志要求宣传思想工作务必总结报道平邑县"团结奋斗,自力更生、坚韧不拔、艰苦创业"的九间棚精神。[1]1989 年 5 月,山东人民出版社出版《临沂百年大事记》,该书序言中

---

[1]　中共平邑县委党史研究室. 中共平邑县历史大事记 1949.10—1998.3[M]. 北京:中国大地出版社,1998.

写道:"沂蒙山区百余年的历史虽然过去了,但历史上精华的东西却永远在闪光。特别是中华民族的浩然正气,中国共产党的光荣传统,植根于沂蒙大地的沂蒙精神,更是我们继往开来所不可缺少的极其宝贵的精神财富。它能给开拓者以启迪,给奋进者以鼓舞,给落伍者以鞭策,给后退者以警诫,本书所记述的无数志士仁人,革命先驱、人民群众所表现出来的那种高风亮节、斗争精神、牺牲精神、奉献精神,足以净化我们的心灵,激励我们的斗志,鼓舞我们的士气,坚定我们的信仰。"①1989年6月底至7月初,王渭田同志和李祥栋同志等在研究酝酿宣传思想工作时,要求以弘扬沂蒙人民革命精神为主线,筹备召开全区宣传思想工作会议。李祥栋同志组织地委宣传部有关人员成立会议筹备工作班子,大家经过认真讨论研究,参照延安精神的提法,决定把沂蒙人民革命精神凝练为"沂蒙精神"。

1989年12月,李祥栋同志在《临沂大众》报发表理论文章《发挥老区优势 弘扬沂蒙精神》,第一次明确、公开、系统地提出和论述了沂蒙精神的概念与内涵,着重强调了要继承发扬党群团结、军民团结的"团结奋斗、无私奉献、艰苦创业和求实创新"等革命精神。该文指出,党的十三届四中、五中全会号召全党要充分发挥政治优势,大力加强党的建设和思想政治工作。发挥政治优势,对临沂地区来说有着特有条件。沂蒙山区是革命老区,在艰苦的革命战争年代以及四十年的社会主义革命和建设中形成了一系列优良的革命传统,这些优良的革命传统已经成为一种沂蒙风范和精神,要利用多种形式,广泛宣传和弘扬这一精神,为深化改革、发展经济,奠定良好的思想基

---

① 临沂地区史志办公室.临沂百年大事记[M].济南:山东人民出版社,1989.

础。同时,该文还提出要进行"坚持四项基本原则"教育,发扬爱党爱军精神;要进行自力更生、艰苦奋斗教育,发扬爱我沂蒙、爱我中华的民族精神;要进行无私奉献的教育,发扬勇于牺牲的精神;要进行解放思想、更新观念的教育,发扬求实创新的精神;要进行党的优良作风教育,发扬团结奋进精神。该篇文章比较全面地介绍了"沂蒙精神"作为一个概念被正式提出的具体历程。

1990 年 2 月,姜春云同志到临沂检查指导工作,在莒南县相邸乡大峪崖村走访慰问村民时,他看到沂蒙地区发生的巨大变化,面对沂蒙人民艰苦创业的英雄气概和感人至深的模范事迹,将沂蒙人民的这种高贵品格予以概括,认为:"沂蒙人民在长期的革命和建设中形成了一种沂蒙精神,这就是爱党爱军、艰苦创业、团结奋进、无私奉献的精神。在战争年代,沂蒙人民做出了很大贡献,靠的是沂蒙精神,现在我们搞四化建设、深化改革,更加需要沂蒙精神。"①随后,姜春云同志又进一步把沂蒙精神概括为"立场坚定、爱党爱军、艰苦创业、无私奉献",指出"现在形势虽然发生了变化,但沂蒙精神犹存",并作出指示,要求临沂地委组织沂蒙精神报告团到省城作报告。同年 4 月 10 日,姜春云同志在山东省首场"沂蒙精神"报告会上,对沂蒙精神的内涵作了进一步概括。他指出,这些年来,尽管历史发展了,时代前进了,但沂蒙人民可贵的革命精神和光荣传统始终没有丢,他们用自己的实际行动表现了"立场坚定、爱党爱军、艰苦创业、无私奉献"的沂蒙精神,并使之植根于沂蒙大地,成为凝聚和激励人们自强不息、昂扬奋进、勇于拼搏的强大精神力量。4 月 11 日,《大众日报》

---

① 中共临沂市委党史资料征集委员会. 中共临沂市历史大事记[M]. 北京:中央文献出版社,2001:320 - 321.

头版头条对报告会作了详细报道，并发表社论《让沂蒙精神发扬光大》。5月5日，中共临沂地委、临沂地区行署作出《关于进一步弘扬沂蒙精神，振兴沂蒙的决定》，自此"沂蒙精神"作为一个概念开始在全社会得到普遍接受与认可。

三、弘扬传播

沂蒙精神从诞生到作为一个概念被正式提出，无论是党、国家和军队领导人，还是社会理论工作者、文学艺术工作者等，都对其进行了不断的探索、研究和宣传。

1947年，陈毅元帅曾创作《如梦令·临沂蒙阴道中》《孟良崮战役》《莱芜大捷》等诗词，以"孟良崮上鬼神号，七十四师无地逃。信号飞星乱眼，我军个个是英豪"[①]等豪迈之语，赞扬沂蒙子弟兵在对敌作战中的英勇表现。迟浩田将军在纪念孟良崮战役50周年、60周年、70周年时，均创作了感人肺腑的叙事诗和抒情诗，感念沂蒙人民为孟良崮战役的胜利所做出的巨大贡献。党和国家的主流媒体也积极发掘、报道沂蒙老区的"抗日模范村""陈毅担架队""沂蒙六姐妹"等英雄事迹。许多文艺工作者也发挥个人所长，据此创作了大量脍炙人口的歌曲，如《跟着共产党走》《沂蒙山小调》等，以及歌剧《沂蒙颂》、歌舞《沂蒙丰碑》、电影《日出》和《南征北战》等，作家李存葆、王光明则创作了报告文学集《沂蒙九章》。这些创作与报道都是对沂蒙精神中所蕴含的战斗精神、英雄品格和崇高美德进行的弘扬与传播，对宣传沂蒙精神影响深远，也为后来研究沂蒙精神的学者提供了宝

---

① 朱家驰. 毛泽东等老一辈革命家诗词赏析辞典［M］. 天津：南开大学出版社，1993：623.

贵资料。

张少军同志、林峰海同志、王玉君同志等临沂市委、市政府负责人更是积极在各级领导干部会议、各类干部研修班和理论研讨会上，宣传阐释沂蒙精神的重大意义和深刻内涵，成立沂蒙精神研究中心、沂蒙精神学习研究课题组等，集中组织力量研究沂蒙精神，采用各种行之有效的方法和形式，对发扬光大沂蒙精神提出明确和具体的要求，大力弘扬和实践沂蒙精神。党和国家主流媒体也纷纷报道沂蒙精神的创新实践。"自1990年以来《人民日报》报道、评论、消息标题中直接涵盖'沂蒙精神'一词的有37条，仅2013年以来的就占了18条，占比近一半；自1990年以来《人民日报》直接以'沂蒙精神'为报道、评述、摄影主题的文章有135篇，仅2013年以来的就占了75篇，占比一半以上。直至2021年1月4日，《人民日报》还发表了评论员文章《不断结合新的时代条件发扬光大沂蒙精神》①，强调"军民水乳交融、生死与共铸就"的沂蒙精神。

1990年4月，临沂地委组织平邑县九间棚村党支部书记刘加坤、莒县杨家沟村党支部书记卢翠秀、莒南县大峪崖村党支部书记阎维深、苍山县杨庄村党支部书记杨振刚和沂南制鞋总厂长刘洪明组成沂蒙精神宣讲团，赴济南为省直机关和驻济高校等作宣讲报告。在连续举行的七场报告会上，"刘洪明介绍了他处处以共产党员的标准严格要求自己，带领沂南制鞋总厂干部职工团结奋进、艰苦创业，使一个濒临倒闭的企业产值利税连续七年翻番，在全国同行业中率先跨入国家二级企业，产品质量在全国同行业评比中获得第一名的事

---

① 本报评论员. 不断结合新的时代条件发扬光大沂蒙精神[N]. 人民日报，2021 - 11 - 04(004).

迹;阎维深介绍了他不谋私利求贡献,甘将余热献乡亲,带领干部群众团结奋斗、艰苦创业,使大峪崖村摆脱贫困、走向富裕道路的事迹;卢翠秀介绍了她40多年来无论在任何环境、任何条件下,都牢记自己是个共产党员,处处以党员标准严格要求自己,努力为党工作的事迹。"①报告者以朴实无华又催人奋进的个人经历,生动诠释了沂蒙精神,深深打动了现场听众。很多人在报告结束后久久不能平静,纷纷称赞沂蒙人民在新的历史时期始终保持着优秀革命传统和崇高革命精神。老区人民用实际行动彰显着沂蒙精神,并使之深深植根于沂蒙大地,成为一代又一代沂蒙儿女乃至全国各族人民团结奋斗、积极进取的重要精神动力。因此,在当下应该充分挖掘、宣传和弘扬沂蒙精神,使之成为全社会的精神,成为推动社会主义各项事业发展的强大动力。② 经过此次宣讲,山东省委认为,在全省上下认真学习、宣传与弘扬沂蒙精神,不仅是当前形势任务的需求,也十分符合广大人民群众的意愿与诉求,由此,山东省委对下一步更为深入地学习和弘扬沂蒙精神提出了具体要求:一是认真学习坚定正确的政治立场与政治方向;二是认真学习热爱党和军队的深厚感情与高尚品德;三是认真学习沂蒙人民不畏艰难和困苦的勤俭创业精神;四是认真学习为国分忧和无私奉献的高尚品格。宣讲报告使沂蒙精神深深扎根于每一位听众的内心,沂蒙精神也由此成为山东社会经济发展的强大动力支撑。

1991年5月,山东省委宣传部、山东省社会科学联合会以及临沂

---

① 常连霆,中共山东省委党史研究室. 中共山东编年史(第15卷)[M]. 济南:山东人民出版社,2015:166.

② 李洁. 沂蒙精神及其当代价值[D]. 北京:首都师范大学,2014:18.

地委在济南、临沂联合召开山东省首届沂蒙精神理论研讨会。与会专家、学者积极交流、热烈讨论,深入挖掘提炼沂蒙精神的丰富内涵和时代特征,认为"沂蒙精神本质上是一种革命精神,其内涵要随着时代的发展被赋予新的内容,沂蒙精神更多地是一种时代精神,体现着沂蒙人民整体素质和精神风貌的沂蒙精神对于促进经济建设、廉政建设具有重大的意义,沂蒙精神对于振奋民族自尊心和自信心,提高民族自豪感具有深远的影响。当下应该进一步弘扬沂蒙精神,使其成为促进改革开放和现代化的强大精神力量和动力支持。"①由此,为更好弘扬和宣传沂蒙精神提供了有力的理论支撑。此次研讨会结束后,1997 年和 2002 年又召开了第二届、第三届和第四届"沂蒙精神"理论研讨会,社会各界对沂蒙精神的认知与研究有了更加深入的理论探讨,对进一步宣传和弘扬沂蒙精神产生了积极推动作用。沂蒙精神对临沂地区、山东省以及周边地区的经济发展产生了巨大的带动作用。特别是 2004 年第四届"沂蒙精神"理论研讨会上,与会专家、学者主张将沂蒙精神研究和社会发展紧密结合起来,把对沂蒙精神内涵的发掘深入地转向对社会管理和经济发展的具体影响。在此次会议上,还成立了山东省"沂蒙精神研究会",力图在未来研究中强化沂蒙精神理论与实践的结合,研究沂蒙精神对经济、文化与社会发展具有的积极意义与价值。由此,沂蒙精神在山东省内的影响及人们对其内涵的研究热情与日俱增,沂蒙精神宣传活动也在全省范围内迅速展开。

2005 年 8 月,为纪念抗日战争胜利 60 周年,国家博物馆举办了大

---

① 李洁.沂蒙精神及其当代价值[D].北京:首都师范大学,2014:19.

型沂蒙精神展出活动。此次展览内容以"沂蒙精神"为主线,以抗日战争时期山东军民的牺牲奉献和新时期山东与临沂经济社会发展成就为重点,集中呈现了沂蒙党政军民团结一心,把优良革命传统深深融于时代发展,全力推动沂蒙地区经济发展取得的辉煌成就。沂蒙精神成为全面建设小康社会、实现中华民族伟大复兴梦想的重要动力。

2010年后,山东省委和临沂市委对于宣传弘扬沂蒙精神还采取了一项新举措,就是建立沂蒙党性教育基地。2010年12月,山东省委组织部决定在临沂建设山东省党员领导干部党性教育基地。2011年春,张少军同志组织邵长来同志、李建华同志、王举生同志和冯增田同志等有关部门和县区负责同志,进行调研论证,提出了建设方案。2015年,临沂市委先后建设、改造和提升了沂蒙革命纪念馆、沂蒙红嫂纪念馆、沂蒙六姐妹纪念馆、大青山突围战纪念馆、刘少奇在沂蒙纪念馆、曹玉海烈士纪念馆,并对华东革命烈士陵园、山东省政府旧址、八路军115师司令部旧址、孟良崮战役纪念馆等红色场馆进行了改造提升。临沂市政府也高度重视,对场馆环境、交通等基础设施建设给予全力支持。后来,临沂市在此基础上建设成立了沂蒙干部学院。这些举措受到党中央的充分肯定和高度评价。中央党校、国家行政学院和省市委党校一批批不同班次领导干部培训班学员都到教育基地参观学习,接受党的理想、宗旨和革命传统教育,均深受感染和激励。沂蒙党性教育基地在弘扬沂蒙精神当中把理论研究与现场教育结合起来,对弘扬沂蒙精神发挥了重要作用。

总之,对沂蒙精神的弘扬传播,从中央到地方均以巨大的热情,做了许多卓有成效的工作。沂蒙精神作为一个概念,其内涵从提出到确立,获得了前所未有的发展与深化。

第三节　沂蒙精神的内涵发展

　　沂蒙精神内涵丰富,其内在本质蕴含着十分严密的逻辑关系,体现了革命发展的客观规律,对沂蒙精神思想内涵的理论概括与认识总结是一个不断探索的过程,随着时代的发展而发展,随着实践的深入而不断深化。

一、初步提炼

　　党和国家对沂蒙精神内涵的提炼,可追溯至 1989 年"九间棚精神"的提出。[1] 1989 年 8 月,时任新华社记者的李锦同志到平邑县九间棚村调研该村在极其恶劣的自然条件下架电修路、治水挖渠、一举脱贫的发展壮举,经过五十二天的驻村调查,李锦同志抓住党群关系这一主题,以《九根擎天柱》[2]为题,把九间棚人民在当时村支部书记刘嘉坤同志以及其他 8 名党员带领下,不惧困难、战天斗地、艰苦创

---

　　① 研究者认为,抗日战争和解放战争时期,《大众日报》等媒介传播对沂蒙地区生产生活、革命斗争实践,特别是沂蒙党政军民生死与共、水乳交融关系的报道,已经昭示了沂蒙精神的诞生。姜廷玉.沂蒙精神的历史基础和深刻内涵[J].炎黄春秋,2018(10):64-66.
　　② 教传福.论社会主义公有制与管理经济责任制[M].沈阳:辽宁人民出版社,1993:356-357.

业的先进事迹，创作为一篇振奋人心的通讯文章。在文章中，李锦同志将这种精神概括为"九间棚精神"，并将其内涵提炼为"开拓进取、团结拼搏、坚韧不拔、无私奉献"，可谓沂蒙精神正式提出的前奏。同年12月，李祥栋同志在《临沂大众》发表九间棚通讯时，配发一篇《发挥老区优势　弘扬沂蒙精神》的文章，首次提出"沂蒙精神"概念，并通过总结沂蒙人民在革命、建设和改革开放中彰显出的沂蒙风范，将沂蒙精神内涵概括为"团结奋斗、无私奉献、艰苦创业、求实创新"十六个字。1990年，姜春云同志到临沂视察工作，他在上述内涵基础上，将其高度概括为"立场坚定、爱党爱军、艰苦创业、无私奉献"，自此，对沂蒙精神思想内涵的初步提炼得以完成。这一时期对沂蒙精神内涵讨论研究和宣传推介文章，影响较大的还有中央办公厅调研室沈永社、浦淳等5名同志到临沂蹲点锻炼时，在赵广建同志、冯增田同志等积极配合下，对沂蒙人民弘扬沂蒙精神的实践活动进行深入调研和总结后，撰写的论述沂蒙精神内涵的调研报告。1990年11月16日，《人民日报》刊发由中共中央办公厅调研室撰写的《社会主义现代化建设的强大精神支柱——临沂地区弘扬沂蒙精神的调查》一文，并配发《革命精神显威力》评论文章。随即，新华社和农民日报社派工作人员对弘扬沂蒙精神的典型单位九间棚村进行采访调查，写出了长篇调查报告《沂蒙山区九间棚村调查》（上、下篇），在当时社会引起了强烈反响，沂蒙精神渐渐被大众了解和接受。

1991年，山东省委宣传部、山东省社会科学界联合会与中共临沂市委，在济南联合召开第一届"沂蒙精神"理论研讨会。在这次会议上，沂蒙精神的基本内涵被确定为"爱党爱军、开拓奋进、艰苦创业、无私奉献"十六个字，这也是党政军学界对沂蒙精神内涵最早的权威界定。会后,冯增田同志的论文《沂蒙精神的提出与弘扬活动的发展》发表在山东省社联 1992 年第 4 期《山东社联通讯》杂志和 1992 年 1 月 11 日《临沂大众》报刊上,并连续在地委刊物《政治思想战线》和《临沂大众》报上发表《沂蒙精神浅论》,对沂蒙精神作了较为系统的论述。李祥栋同志则先后发表了《对弘扬沂蒙精神几个问题的认识》《沂蒙精神万岁》《沂蒙精神是推动商品经济发展的动力》等理论文章,出版了《思辩、独白、放歌——沂蒙精神论谈》一书,主编《沂蒙精神颂》和《沂蒙精神研究》等。新华社《内参选编》则发表了宋平同志关于要大力推广九间棚经验的重要指示和李锦等同志关于记述九间棚村党支部带领群众艰苦创业动人事迹的长篇通讯,这些文章都积极推动了初期沂蒙精神内涵的提炼。

二、发展铸炼

1997 年,山东省委、临沂市委负责同志根据经济政治文化不断发展的实际,提出沂蒙精神要赋予新时期改革发展的新内涵,为此,临沂市委专门组织人员对沂蒙精神的理论和内涵进行研究与提炼。研究队伍由孙培群同志牵头,组织赵广建同志、冯增田同志、陈一兵同志、彭林东同志和李洪彦同志等参加,此次研究和概括的成果,主要体现在 1997 年 7 月 27 日至 28 日,中共山东省委宣传部与临沂市委联合召开的纪念江泽民同志为沂蒙精神题词五周年理论研讨会中。在这次会议中,沂蒙精神“爱党爱军、开拓奋进、艰苦创业、无私奉献”十六字内涵被重新进行讨论。张守业同志认为沂蒙精神是沂蒙人民在长期的革命和建设实践中形成的先进的群体意识。1990

年,姜春云同志将其概括为"立场坚定、爱党爱军、艰苦创业、无私奉献"①。多年来,沂蒙人民在这种精神的教育和引导下,认真贯彻党的路线、方针、政策,同心同德,艰苦奋斗,不断取得经济社会发展的新成就。同时,他也对新时期弘扬沂蒙精神提出了新的要求,指出当前,我国进入了社会主义现代化建设的新时期,踏上了跨世纪的新征途。以江泽民同志在中央党校重要讲话发表为标志,思想解放的第三次浪潮正在兴起。沂蒙精神是随着时代的发展而不断丰富和发展的,吸收实行改革开放,发展社会主义市场经济的实践经验,新形势下应当赋予其新的内涵。根据江泽民同志重要讲话和题词精神,新时期沂蒙精神是否可以概括为"爱党爱军、开拓奋进、艰苦创业、无私奉献"值得探索。② 其内涵是立场坚定,方向明确,追求执着的政治信念;改革创新,奋发进取,敢为人先的思想意识;自力更生,坚韧不拔,艰苦奋斗的精神风貌;顾全大局,公而忘私,勇于奉献的价值取向。它凝聚了优秀历史文化、优良革命传统和时代精神的精华,是集革命精神、创新精神、创业精神和奉献精神于一体的先进群体意识。当前,按照沂蒙精神的内涵,深入开展弘扬活动,对于贯彻落实江泽民同志重要讲话精神,解放思想,更新观念,深化改革,提高开放水平,加快发展,具有重要的现实意义,同时,必须更加自觉地贯彻题词精神,深入扎实有效地开展沂蒙精神的弘扬活动。自此,沂蒙党政军学界对沂蒙精神内涵的研究与弘扬,开始进入发展铸练阶段。

---

① 李维庆,山东省莒南县地方史志编纂委员会. 莒南县志[M]. 济南:齐鲁书社,1998:756.

② 爱党爱军 开拓奋进 艰苦创业 无私奉献——"沂蒙精神与社会主义核心价值体系建设研讨会"发言摘登[N]. 光明日报,2012.06.04(07).

2001年，丁关根同志一行来山东调研，其对临沂市弘扬沂蒙精神的做法给予了高度评价。6月26日，《人民日报》以《沂蒙精神支撑临沂腾飞》为题，在头版头条报道临沂市弘扬沂蒙精神取得的巨大成就，并配发《可敬的人民　崇高的精神》的评论，《人民日报》在评论中把沂蒙精神内涵概括为"爱党爱国、艰苦创业、改革创新、敢为人先、不懈奋斗、无私奉献"二十四个字。这是对新时期沂蒙人民改革发展生动实践的又一次概括与总结。乔延春同志在《临沂日报》发表《精神的力量是巨大的》理论文章，冯增田同志和张贺春同志撰写了《谱写沂蒙精神新篇章》社论，发表在2001年8月22日《临沂日报》上，之后《临沂日报》又连续发表了五篇系列评论。

2002年7月，为纪念江泽民同志为沂蒙老区题词10周年，中共山东省委宣传部、山东省社科联和中共临沂市委，在临沂市联合召开"弘扬沂蒙精神，实践三个代表"理论研讨会，来自省社科界及临沂市的专家学者六十余人参加了研讨会。在这次会议上，与会专家把沂蒙精神内涵进一步拓展为"爱党爱国、艰苦创业，改革创新、敢为人先、不懈奋斗、无私奉献"二十四个字。2003年8月，张洪涛同志、李洪海同志和冯增田同志组织编写了《临沂文化丛书》，对沂蒙文化和沂蒙精神内涵继续做深入研究和概括。

综上所述，本时期对沂蒙精神内涵的铸炼，其主体认知仍然仅指向"沂蒙人民"，并未涉及党和人民军队的精神质素，故而整体来看，这一提炼对于沂蒙精神的丰厚内蕴来说略显不足，这种不足也进一步推动人们对沂蒙精神的内涵认知进入深度凝练阶段。

三、深度凝练

2004年7月28日，为纪念八路军——五师挺进山东、开辟沂蒙革命根据地 65 周年以及庆祝建国 55 周年,山东省委宣传部、山东省社会科学界联合会、济南军区政治部、山东省军区政治部、临沂市委同新华社山东分社、大众日报社、山东出版总社联合举办沂蒙精神与全面建设小康社会理论研讨会,即第四届沂蒙精神理论研讨会。在这次研讨会上,与会专家深入探讨了沂蒙精神与中华民族精神、中国共产党人的革命精神、革命老区精神的本质联系,再次把沂蒙精神的内涵恢复至"爱党爱军、开拓奋进、艰苦创业、无私奉献"十六个字。①迟浩田将军和姜春云老领导均发来贺信,山东省委副书记王修智同志出席会议并讲话,临沂市委书记、临沂市人大常委会主任李群同志发表《沂蒙精神是实现临沂全面建设小康目标的精神力量》的理论演讲,指出"沂蒙精神作为中华民族精神在沂蒙老区的承载,是沂蒙人民在长期革命、建设和改革的实践中逐步形成的一种先进群体意识,形成爱党爱军、开拓奋进、艰苦创业、无私奉献的基本内涵,表现出鲜明的时代特征,具有开放兼容的理论特质和强大的实践功能。"对此,《临沂日报》连续刊发了六篇弘扬沂蒙精神的评论。沂蒙精神内涵重新被概括为"爱党爱军、开拓奋进、艰苦创业、无私奉献"十六个字。同时,临沂市有关部门还编演了大型乐舞剧《沂蒙颂歌》、实景剧《蒙山沂水》,拍摄了《不能忘却的纪念》和《永远的歌声》等 30 多部专题片进行集中展播,全面反映了沂蒙地区光荣的革命斗争历史和经济、社会发展的巨大成就,大力宣传和弘扬沂蒙精神。这一时期,值得肯定的是沂蒙精神晋京展。2004 年 8 月 16 日至 25 日,沂蒙精神晋京展在北京国家博物馆隆重举行。展览以沂蒙精神为主线,共分红色

---

① 涂可国,张伟,张进.山东文化蓝皮书 2012 年:文化改革助推强省建设[M].济南:山东人民出版社,2011:43.

的热土、可敬的人民、伟大的实践三个部分，内容丰富，设计新颖，气势恢宏，通过 80 多件革命历史文物和 200 多幅珍贵图片，回忆激情燃烧的岁月，再现昔日的烽火硝烟，展示今日的老区魅力，诠释沂蒙精神的深刻内涵，展出 10 天，观众突破了 18 万人次，展出获得了巨大成功，沂蒙精神轰动了京城，感动了全国。展览期间，党和国家领导人吴官正、李长春、刘云山、郝建秀、王晨等同志，以及宋平、迟浩田等中央老领导都亲自到场观展，并给予充分肯定，指出在新的历史条件下，要大力弘扬沂蒙精神，推动经济社会全面发展，努力构建社会主义和谐社会。展览期间，还召开了新闻发布会，举行了大型文艺演出，发表了一批理论文章。冯增田在 8 月 29 日《人民日报》以《战斗力和生产力》为题刊发文章，对沂蒙精神进京展进行了简要总结和点评，认为"沂蒙精神展览，短短 10 天内，到国家博物馆观展的干部群众达到 18 万人。此次展览同延安精神展、西柏坡精神展一样，之所以为社会所瞩目，就在于这种精神在革命战争年代，表现为爱党爱军、不怕牺牲、奋勇杀敌的战斗力，在和平建设时期则转化为开拓奋进、艰苦创业的生产力，使人们直观、真切地感受到强大的精神力量。沂蒙精神展给人的最大感受，就是战斗力和生产力"[1]。

党的十八大召开以后，习近平同志对传承红色基因、弘扬沂蒙精神作出一系列重要指示和批示，经党中央批准，沂蒙精神基本内涵正式表述为"党群同心、军民情深、水乳交融、生死与共"。习近平同志的重要指示要求和沂蒙精神基本内涵的确定，为新时代大力弘扬沂蒙精神再次指明了前进的方向、提供了根本遵循，从此，沂蒙精神理

---

① 冯增田.战斗力和生产力[N].人民日报.2005 – 08 – 29(4).

论研究和宣传再次上升至一重新境界。2014年4月,弘扬沂蒙精神与践行群众路线理论研讨会在沂蒙精神纪念馆举行。会后,山东人民出版社出版了《水乳交融生死与共——弘扬沂蒙精神与践行群众路线理论研究》。2017年9月,由山东省委宣传部、组织部、光明日报社主办,新华社山东分社、北京市网信办、中共临沂市委承办的"学习习近平重要讲话,弘扬传承沂蒙精神"理论研讨会在临沂举行。会后,时任临沂市委常委、宣传部长任刚同志汇集了此次研讨会的理论成果,主编《"水乳交融生死与共"铸就伟大力量——沂蒙精神》一书,由中共中央党校出版社出版。其中,沂蒙精神学习研究课题组撰写的《习近平重要论述指引下沂蒙精神内涵的再研究》一文,起到了提纲挈领、画龙点睛的作用。该文认为,习近平同志在临沂会见先进模范和当年支前模范后代代表时指出:"我们的革命政权来之不易,主要是党和人民水乳交融、心心相印,党把人民利益放在第一位,为人民谋解放而领导人民展开革命斗争;人民群众真正跟党走,相信我们的党,在党的领导下为人民解放事业无私奉献,可歌可泣啊!这种精神在你们身上得到了体现,要继续弘扬沂蒙精神。"此段关于沂蒙精神内涵的阐述具有完整的系统性、严密的逻辑性、客观的精准性和高度的政治性,沂蒙精神所包含的内涵要素应当是"为人民靠人民、忠诚看齐革命到底,听党话跟党走、敢于斗争无私奉献"①。其中,"为人民"源于"党把人民利益放在第一位";"靠人民"源于党"为人民谋解放而领导人民展开革命斗争";"忠诚看齐革命到底",是对党的组织和党员在所"展开革命斗争"中全部表现的集中概括;"听党

---

① 王玉君."水乳交融生死与共"——沂蒙精神是党的群众路线实践的典范[N].学习时报,2017－11－24(A4).

话""跟党走""无私奉献"是习近平直接肯定的;"敢于斗争",是结合沂蒙人民的革命实践,对"革命政权来之不易"和"可歌可泣"等有关论述的延伸理解。

针对上述论述,有研究者认为:"'党群同心、军民情深'体现了沂蒙精神的构造主体和相互之间的关系,'水乳交融、生死与共'体现了沂蒙精神的内涵特质及其因果呈现。这一新的概括,准确把握和反映了习近平关于弘扬沂蒙精神的重要指示要求,标志着对沂蒙精神的学习研究传承弘扬进入一个新阶段。理解沂蒙精神的内涵特质,要从这一精神的历史由来去看待:沂蒙精神诞生于战火纷飞的战争年代,是中国共产党人的革命精神在沂蒙这片红色沃土的具体承载展现和升华。要从精神基因的角度去看待:沂蒙精神是中国共产党人精神谱系的重要组成部分,是伟大建党精神在齐鲁大地的具体呈现,是对伟大建党精神的传承和弘扬。要从创造主体的角度去看待:'党群同心、军民情深'生动展现了党、军队和人民群众之间的鱼水情谊和血肉联系,彰显了沂蒙精神的铸就主体,当前弘扬沂蒙精神要突出党群军民关系。要从文化传承的角度去看待:沂蒙精神的铸就离不开山东深厚的历史文化底蕴,优秀传统文化倡导的爱国奉献、精忠报国、忠肝义胆等优秀品质,在沂蒙精神的铸就过程中发挥了重要作用。"[①]王玉君同志在中央党校《学习时报》也先后发表 4 篇署名文章,从新的高度、用新的视角、以新的理念阐释沂蒙精神,既一脉相承,又分层递进,既逻辑系统,又独立成篇,既打通了历史与现实,又融通了理论与实践,充分体现了对习近平同志关于沂蒙精神重要论

---

① 柳建辉.弘扬沂蒙精神座谈会发言摘登[N].大众日报,2022-06-30(04).

述的准确把握和深刻思考。王安德同志则认为:"沂蒙精神是临沂最宝贵的政治资源、最突出的政治优势。习近平关于沂蒙精神的重要论述,把沂蒙精神上升到了全党精神的层面,揭示了沂蒙精神与其他革命精神的共性内涵,包括坚定的理想信念、坚实的宗旨意识、坚强的党性修养、坚韧的奋斗品格、无私的奉献精神;精准概括了沂蒙精神的个性特质,就是党政军民'水乳交融、生死与共',为我们指明了工作方向、提供了根本遵循。全市各级各部门要牢记总书记殷切嘱托,把弘扬沂蒙精神作为重要政治任务,提高站位、深化研究,创新方式、持续用力,不断结合新的时代条件发扬光大。"①

从社会各界对沂蒙精神内涵的认知与提炼来看,人们对沂蒙精神的理解是一个不断深入和不断系统化的过程,它的提出经过了一个认识、深化、发展的过程。沂蒙精神是一种客观存在,而沂蒙精神的提出是一种理论概括,是人们对客观存在的事实在思维上的一种感知,这种感知不断升华为一种理性思维,这种理性思维又在实践中不断完善、深化与发展。

---

① 柏建波,李建始终把人民利益放在第一位 全心全意为人民谋幸福办实事[N].临沂日报.2020.04.16(01).

第二章

当代青年群体的时代特征

青年兴则国家兴，青年强则国家强。2021年4月，习近平同志到清华大学视察时，针对当代青年成长成才与国家发展和民族复兴之间的关系，指出："广大青年要肩负历史使命，坚定前进信心，立大志、明大德、成大才、担大任，努力成为堪当民族复兴重任的时代新人，让青春在为祖国、为民族、为人民、为人类的不懈奋斗中绽放绚丽之花。"在历史发展的任何时期，面对国家与民族发展的重要使命和责任，青年群体总是被寄予更多的期待与厚望。每一时代有每一时代之使命，每一时代有每一时代之青年，青年群体的时代特征深刻影响着青年群体的自我发展和使命担当，探究当代青年与弘扬沂蒙精神之间的关系，需要充分了解青年群体的生存状况、困惑烦恼、价值观念和理想追求。

第一节 青年群体的界定与区分

从一个人生命成长的角度来说,青年时期是人一生中最宝贵的黄金时期。处于这一时段的人,精力充沛、斗志昂扬,对于个人发展和未来生活普遍充满积极向上的情绪。面对困难,他们更多选择乐观应对、迎难而上;面对问题,他们更多选择主动思考、积极探索。正如毛泽东同志所言:"青年是整个社会力量中的一部分最积极最有生气的力量。他们最肯学习,最少保守思想,在社会主义时期尤其是这样。"①当今时代,青年群体更是强国建设、民族复兴伟业中的先锋队和突击队。

一、青年的概念内涵与类别

何为青年?其分类标准是什么?在年龄上怎样区分?青年群体又具有哪些相对普遍的身心特点?事实上,对于这些问题的回答,学术界尚未形成统一的结论。"不同国家,不同民族,不同时代,由于自然条件和社会环境不尽相同,人在身心发展和社会成熟方面表现出一定的差异。又由于学者们研究的目标不同,有的以身体发育为中

---

① 毛泽东.毛泽东选集 第五卷[M].北京:人民出版社,1977:247.

从生理学角度来说,研究者认为青年是"自春情发动期以迄生理的成熟期间"②,即"以第二性征开始发育为起点,以性发育完全成熟为终点"③。青春期 GH 分泌率最高,这一时期人类身体发育最为明显的特点就是性成熟。在拉丁文中,青年期(Adolescere)和春情期(Pubertas)在本义上均有"生长达于成熟""成熟年龄"和"具有生殖能力"之意。④ 德国心理学家柏曼(L. Berman)即根据人类内分泌腺的发展变化,把青年期称为性腺期。黄志坚《青年学》一书也认为:"生理学把青春期又叫作青春发育期,指的是人的生殖器官开始发育和性技能成熟的过程,也就是人生由童稚之年到发育成熟的过渡年龄。"⑤由此来说,把人的青年时期界定为人的生殖力成熟时期,是生理学研究领域对"青年"概念内涵的一种普遍观点,以此为标准,从年龄划分上来说,青年女性主要是指 12 岁至 21 岁年龄阶段的女性,青年男性则主要指 14 岁至 23 岁年龄阶段的男性。⑥

从心理学角度来说,有研究者认为青年时期是一个人自我意识

---

① 姚云云,李精华,周晓焱. 社会工作基础理论与实务[M]. 哈尔滨:哈尔滨工程大学出版社,2016:240.

② 屈雷西. 青春期心理学[M]. 汤子涌译,台湾:商务印书馆股份有限公司,1979:17.

③ 姚云云,李精华,周晓焱. 社会工作基础理论与实务[M]. 哈尔滨:哈尔滨工程大学出版社,2016:238.

④ 姚云云,李精华,周晓焱. 社会工作基础理论与实务[M]. 哈尔滨:哈尔滨工程大学出版社,2016:239.

⑤ 黄志坚. 青年学[M]. 北京:中国青年出版社,1988:5.

⑥ 邝海春. 论青年范畴[J]. 青年研究,1986(12):12.

成长和独立个性生成的时期。例如，苏联心理学家 A. B. 彼得罗夫斯基在《年龄与教育心理学》一书中，即认为"青年是完成成熟的阶段和形成个性的阶段"①。日本心理学家荫山庄司在《现代青年心理学》一书中也认为，"青年期是脱离了儿童时代的认识方式和生活方式，创造新的自我概念，从心理上重建人生的时期"②。德国心理学家 E. 斯普兰格则将青年期的主要特征概括为"自我"的发现、有意识地确定个人生活目标和社会生活范围扩大，并在此基础上将青年期年龄划分为两个阶段，一是危险期（14 岁至 17 岁），二是归属期（17 岁至 21 岁）。③ 但也有观点认为，精神上向上发展的阶段，便是青年。④ 不仅要从"生理年龄"界定青年，还应从"心理精神"去衡量一个人是否属于青年。⑤

另外，从教育学角度来说，最早提出青年概念的是捷克教育家夸美纽斯，他根据人的不同受教育阶段，将 12 岁至 18 岁界定为青年期。也有研究者认为，人的青年期是指从接受中等教育开始，到就业、独立生活、结婚为止。由此而言，青年主要是指一个人通过社会上的各种教育途径，集中一个时期接受教育的群体。从人口统计角度来说，有研究者又把青年视为社会年龄的一个过渡群体，认为"青年是客观的社会现象，体现在一个独特而又重要的社会年龄组身

---

① A. B. 彼得罗夫斯基. 年龄与教育心理学[M]. 北京师范大学教育系心理学教研室, 1980:178.

② 荫山庄司. 现代青年心理学[M]. 上海:上海翻译出版公司, 1985:17.

③ 姚云云, 李精华, 周晓淼. 社会工作基础理论与实务[M]. 哈尔滨:哈尔滨工程大学出版社, 2016:239.

④ 郭沫若. 郭沫若文集 第 11 卷[M]. 北京:人民文学出版社, 1982:91.

⑤ 熊建生. 青年学通论[M]. 武汉:武汉大学出版社, 1995:37.

上。"①对此,在年龄划分上,有研究者指出"青年是一个变化着的14—30岁之间的人类个体组成的社会群体"②,青年期的到来,表征着一个人开始从儿童向成年人过渡。从社会学角度来说,青年是一个人走向社会化的必经阶段,在这一时段内,人的生理发育逐渐成熟,人参与社会的程度不断提高,因此,一些研究者认为青年是指那些身心发育已经成熟、初步形成独立人格的人。然而,也有研究者认为此观点有失偏颇,因为"即便是身体,各个部分也不是同步老化。一个衰弱的心脏与一颗强劲的肾脏有不同的年龄。其实每个人都有多种年龄,除了生物学年龄外,还有心理年龄,文化年龄等。"③对此,在规定"青年"群体年龄上限与下限的标准方面,目前世界各国基本达成共识,即认为:"青年期的下限年龄始于性成熟,上限年龄止于社会成熟。"④但在具体年龄划分上,"青年"作为一个群体概念,始终没有明确的起止时间。有研究者对此予以梳理总结后,认为:"根据世界卫生组织确定新的年龄分段,青年人的年龄上限已经提高到44岁。从1995年至2000年,世界青年人口的估计数从10.26亿增长至10.66亿,在全球人口中所占的比例从18.1%降至17.6%。随着世界人口的老龄化,青年占全球总人口比例预计到2050年将继续下降至13.2%,届时15至24岁的青年人总数将是11.76亿人。区分'青年'的标准主要是年龄,但是对于青年年龄的上限和下限存在一

---

① 刘朴等译.八十年代世界青年问题[M].北京:中国对外翻译出版公司,1985:120.
② 布宁诺夫.六十年来苏联青年问题的研究和发展趋势[J].国外社会科学,1983(11):74.
③ 廉思.中国青年发展(1978—2018)[M].北京:社会科学文献出版社,2019:54.
④ 姚云云,李精华,周晓焱.社会工作基础理论与实务[M].哈尔滨:哈尔滨工程大学出版社,2016:240.

定的争议,有许多不同的标准,世界卫生组织(2013年)定义青年为44岁以下;联合国教科文组织定义青年为16—45周岁;中国国家统计局定义青年为15—34岁;中国共青团定义青年为14—28岁;青年联合会定义青年为18至40岁;港澳台地区定义青年为10至24岁。"①

综合上述研究,青年作为一个概念,其内涵大致包括以下三个方面:一是青年是一个处于特定年龄阶段的群体;二是青年在身心发育上,表现出儿童向成年过渡的特点;三是青年的年龄起止时间并不固定,随着时代发展和社会生活水平的提高,青年群体的年龄上限不断前置,年龄下限则不断推后。由此,我们或可将一个人的"青年"时期界定为一个人生理发育成熟的时期,一个人道德品质形成的时期,一个人形成并树立世界观、人生观的时期,一个人完成社会化并作为一个劳动主体达到成熟的时期,一个人观察能力、思维能力、记忆能力发展的高峰时期。其年龄下限起于性的迅速发育,年龄上限则止于社会、心理成熟。在这一时期内,其个体心理发展并非定时匀速渐进,而是量变与质变交替进行。② 本书所关注的"青年"群体,即建立在上述内涵质素上的群体。

由上述青年的内涵特点,按照不同标准,青年群体又可分为不同类型。例如,从生活环境区分,有农村青年和城市青年之别;从受教育程度区分,有不同学历阶段的青年之别;从劳动分工区分,有青年工人、青年农民、青年公务员等;从婚姻状况区分,有已婚青年和未婚青年之别。甚至还有研究者根据青年在社会中所从事活动的内容与

---

① 廉思.中国青年发展(1978—2018)[M].北京:社会科学文献出版社,2019:80.
② 胡志刚.教育时机论[M].哈尔滨:黑龙江人民出版社,2003:237.

性质,把这一群体大致分为在职青年、在学青年和非在职在学的社会闲散青年三种类型。① 其中,在职青年主要指在农村或城市有相对固定工作的青年。在学青年主要指在各级各类学校以求学为主的青年。非在职在学的社会闲散青年则主要指既没有固定工作,又不在学校求学的青年。

就我国当代青年的群体性特点来说,根据第六次和第七次全国人口普查数据,可发现:"第一,在总人口中,青年人口占比不断降低,显示出人口金字塔的持续萎缩态势。城市少儿及青年人口占比均高于镇和农村,预示着未来少儿和青年人口的城镇化率将继续增加。第二,青年人口受教育程度加速提升,出生同期群年龄越小,其受教育程度就越高。高等教育的不断扩招,为青年一代创造了前所未有的受教育机会,但教育扩招与青年人口占比下降的矛盾,会日趋加重竞争不力学校的'招生不足'压力。家庭子女数的减少提升了父母亲对子女的教育支持能力,尤其对女孩教育投资的可能性增大。第三,青年人口的家庭户居住模式,正在从'三人户'向'二人户'和'一人户'转型,青年人口的初婚年龄越来越迟,青年人口的受教育程度越高,呈现出初婚年龄越大,非婚生活人口占比越大的社会个体化趋势。"②

二、青年群体的身心特点

较之童年和成年时期,人在青年时期的生理与心理表现出明显

---

① 刘刚,李永敏.青年发展指标体系构建及测量方法[J].当代青年研究,2011(1):52-60.

② 张翼.中国青年人口的新特征——基于"第七次全国人口普查数据"的分析[J].青年探索,2022(5):5-16.

不同其他时期的特点。此时期,一个人经过幼年时期的成长,初步形成了认知社会的能力,以及分析问题和解决问题的能力,个人主体意识增强,与之相伴随的独立性和自主性不断提高。他们开始"有展示自我的愿望和进行自我教育的可能,思维的逻辑性、批判性也都在不断增强"①。对此,有研究者根据这一时期人的身心发展特点,将之细分为青年初期、青年中期和青年后期三个阶段。其中,14 岁至 17 岁为青年初期,此时期是青春发育高峰期,在学业上处于高中学习阶段。18 岁至 19 岁为青年中期,此时期是接受高等教育或开始就业的时期,在政治上开始获得选举权。23 岁至 28 岁为青年后期,此时期人的身心发育和社会经验均走向成熟,逐渐进入成年期。②

具体来说,男女青年在生理上主要有如下特点:"一是身体形态的巨变,身高突增、体重变重、体型成型;二是体内机能的发育,青春期心血管系统的发育、青春期呼吸系统的发育;三是神经系统的发达,大脑的形态发展、神经系统的发育;四是内分泌的发展;五是性的成熟。"③青年人身体器官的发育成熟,大脑与心脏机能的愈发健全,使得青年人身体更加强壮,精力更加充沛,对生活和未来充满信心和积极探索的意识。

男女两性身体特征的变化,也使得其获得明显的性别角色体验,个性心理迅速增强,产生男女有别和相互吸引的感受,对外部世界充满新鲜和好奇,渴望获得认可与肯定,个人心理也不断走向成熟,呈

---

① 文静.大学生学习满意度实证研究[M].北京:教育科学出版社,2015:64.

② 郑和均,邓宗华等.高中生心理学[M].杭州:浙江教育出版社,1993:3 - 4.

③ 姚云云,李精华,周晓焱.社会工作基础理论与实务[M].哈尔滨:哈尔滨工程大学出版社,2016:240.

现出一些与以往不同的特点:一是思维更加独立,批判意识显著增强。"由于脑和神经系统的发育与成熟,青少年由儿童时期具体的形象思维开始向抽象的逻辑思维发展,思维的独立性和批判性有了显著发展,从而在学习能力方面有明显的提高,成为发展智力的黄金时期。"①因此,这一时期内的男女青年对新事物、新知识接受更快,理解与消化吸收也快,他们表现出明显的乐于探索新知的倾向。二是情绪转换比较迅速。在这一时期,青年群体受身体发育影响,会产生一些迷茫困惑甚至消极烦躁的情绪,这些情绪可能来自日常生活的触动,也可能来自个人对人生与未来的谋划与思考,以及思而不得的苦恼。"这些情绪容易波动,带有明显的极端性,典型的表现是:或激动兴奋,或烦躁不安。"②三是个体意识的形成与迅猛发展。"所谓自我意识,就是人对于自己以及自己和周围事物关系的一种认识。其中包括自我了解、自我体验、自我评价、自我控制等形式"。③ 因此,进入这一时期的男女青年,不仅感知到自我与外部社会关系的存在,同时也体察到个体内心世界和心理活动的存在,从而进入"自我发现"的新时期。四是性意识萌发。"性意识的出现,是青年时期典型的心理特点,随着性意识的出现,人的性格、兴趣、爱好等个性心理也相应发生变化。"④

　　总之,青年的身心成长表现出阶段性和延续性特点,"青年期是一个人的生理迅速发育并走向成熟的时期,尤其是表现在性的发育

---

① 焦向英,冯克诚,申杲华.班主任管理手册[M].北京:开明出版社,1996:715.
② 焦向英,冯克诚,申杲华.班主任管理手册[M].北京:开明出版社,1996:715.
③ 焦向英,冯克诚,申杲华.班主任管理手册[M].北京:开明出版社,1996:715.
④ 焦向英,冯克诚,申杲华.班主任管理手册[M].北京:开明出版社,1996:715.

和成熟上;青年期是一个人的心理发展逐渐走向成熟的时期,尤其是智力发展达到顶峰;青年期是个性发展和人格成熟的重要时期,尤其是自我的形成,世界观、人生观、价值观的树立;青年期是作为劳动主体的人达到成熟的时期,面临职业的选择和确立;青年期是一个人社会化的重要时期,成为一个符合社会要求的人,并获得一个或几个社会角色;青年期是获得公民资格的时期,不仅开始享受一定的权利,同时也开始承担一定的义务;青年期是恋爱、结婚、组成家庭的时期;青年在社会中处于极为重要的地位,起着极其巨大的作用,青年永远是各行各业的生力军。青年既是人的生命状态,又是人的心理状态,更是人的社会状态。"①

三、党和国家的青年观

马克思指出,一个时代的精神是青年代表的精神,一个时代的性格是青春代表的性格。中国共产党自成立之日起,就高度重视和关心青年群体的发展,把青年作为党和国家事业发展的生力军,"在领导中国青年运动、开展青年工作的生动实践中,继承和发展着马克思主义青年观,并不断赋予马克思主义青年观新的时代内容。"②

在革命战争年代和社会主义建设时期,毛泽东同志多次发表讲话,勉励青年树立远大志向,为国家和民族发展做出贡献,曾多次赞扬青年群体在革命斗争中的英勇表现,指出这些青年是革命的先锋队,为了中华民族的解放、独立、自由、幸福进行了那样的斗争,英勇得很。1939 年 5 月 4 日在延安青年群众举行的五四运动二十周年纪

---

① 长勇等.青年心理学[M].石家庄:河北人民出版社,1988:7.
② 廉思.中国青年发展(1978—2018)[M].北京:社会科学文献出版社,2019:86.

念会上,他教导青年努力学习马克思主义理论,与工农群众紧密结合,要有"坚定正确的政治方向"。全国知识青年和学生青年一定要和广大的工农群众结合在一块,和他们变成一体,才能形成一支强有力的军队。1939 年 5 月 30 日在延安庆贺模范青年大会上的讲话,毛泽东同志鼓励青年要珍惜宝贵青春,积极进取,保持永久奋斗的传统,指出,中国的青年运动有很好的革命传统,这个传统就是"永久奋斗"。与此同时,他始终对青年人的成长和发展充满信任与期望。1953 年 6 月,毛泽东同志在接见青年团二大主席团时指出,工农青年、知识青年和部队中的青年,英勇积极,很有纪律,没有他们,革命事业和建设事业就不能胜利。1959 年,他在为《中山县新平乡第九农业生产合作社的青年突击队》一文写的按语中,赞美青年是整个社会力量中的一部分最积极最有生气的力量。他们最肯学习,最少保守思想,在社会主义时期尤其是这样。1957 年 11 月,他在苏联莫斯科大学对青年群体发表热情洋溢的讲话:"世界是你们的,也是我们的,但是归根结底是你们的。你们青年人朝气蓬勃,正在兴旺时期,好像早晨八、九点钟的太阳。希望寄托在你们身上。"这些激情洋溢的青年观,深深影响了一代中国人,直到今天仍旧散发着催人奋进的力量。毛泽东的青年观作为中国青年运动的指导思想,"既蕴含着马克思主义的思想光辉,又体现中国青年工作规律。也是新时代青年工作的必须遵循的重要思想"①。

邓小平同志把青年成长与党和国家事业兴旺发达紧密连接起来。1983 年 5 月 4 日,他为时代青年楷模张海迪题词,"学习张海迪,

---

① 王盈达.毛泽东青年观及其当代价值研究[D].沈阳:沈阳理工大学,2020:51.

做有理想、有道德、有文化、守纪律的共产主义新人",提出了争做"四有"新人的"青年观"。他认为,新中国的青年是敢于向前看的,是生机勃勃的,是对社会主义抱有无限热情的,是有强烈思维上进心的。① 他鼓励青年要树立远大理想,指出现在中国提出"四有",有理想、有道德、有文化、有纪律。其中我们最强调的,是有理想。我们共产党人的最高理想是实现共产主义。② 革命的理想,共产主义的品德,要从小开始培养。我们党的教育事业历来有这样的优良传统。③他主张要用历史教育青年,要坚定青年的社会主义方向感。因此,他勉励青年在宝贵的青春时期,努力读书,认真学习马克思主义理论,读一读《共产党宣言》《社会主义从空想到科学的发展》《国家与革命》等,教导青年保持艰苦卓绝的革命作风。邓小平同志指出,走革命的路、守纪律、能吃苦,也是中国青年的好传统。这个传统用之于革命、用于建设都有好处。同时,他希望青年人不要怕到农村去同封建势力做斗争。④ 邓小平同志也特别重视对青年人才的培养和选拔,1978 年 3 月 18 日,在中共中央、国务院举办的全国科学大会上,邓小平指出"青年一代的成长,正是我们事业必定要兴旺发达的希望所在",成为鼓舞一代中国青年珍惜时间、振兴中华的强大精神动力。

江泽民同志把祖国建设和民族复兴伟业深情寄托于青年群体的积极奋斗,指出祖国的未来是无限美好的,祖国和民族的希望寄托于

① 中共中央文献研究室.邓小平文集(一九四九——九七四年)中卷[M].北京:人民出版社,2014:229.

② 中共中央文献研究室.邓小平论教育[M].北京:人民教育出版社,2004:180.

③ 中共中央文献研究室.邓小平论教育[M].北京:人民教育出版社,2004:67.

④ 中共中央文献研究室.邓小平文集(一九四九——九七四年)中卷[M].北京:人民出版社,2014:270 – 271.

青年。从一定意义上讲,青年兴则国家兴,青年强则国家强,青年有希望,未来的发展就有希望。江泽民同志在纪念中国共产主义青年团成立八十周年大会上的讲话,指出:"在任何一个时代中,青年都是社会上最富有朝气、最富有创造性、最富有生命力的群体。"①由此,他教导青年人要把个人理想与时代使命和人民的梦想紧密结合起来,指出"个人的抱负不可能孤立地实现,只有把它同时代和人民的要求紧密结合起来,用自己的知识和本领为祖国为人民服务,才能使自身价值得到充分实现。……波澜壮阔的改革开放和现代化建设,为全国各族青年展示才华,实现志向,提供了广大的舞台。"在任何时刻,江泽民同志始终对青年人的选择给予充分信任,指出:"我们的青年知识分子总体上是好的,是可以依赖的,他们中的绝大多数热爱祖国,热爱人民,热爱社会主义,勤劳好学,积极上进,具有为国家富强而奋斗的真诚愿望,在自己的岗位上做出了可喜的成绩,这是青年知识分子队伍的主流。"②他关心青年人的学习成长,勉励青年珍惜时间,勤奋努力,指出人生历程中最宝贵的年华是青年和中年时期,务必要好好珍惜,切不可虚度光阴。要下苦功夫学习,学理论、学历史、学经济、学科技、学管理、学法律,学习一切需要学习的东西,努力打好为党和人民的事业建功立业的思想根底知识功底。同时,他也强调青年教育"要尊重青年思想和性格特点,尊重青年个性的健康发挥,促进青年思想和身心的健康发展"。总之,江泽民同志的青年观,在改革开放进

---

① 江泽民总书记在纪念中国共产主义青年团成立八十周年大会上的讲话[J].德育信息,2002(6):5-8.

② 杨爱珍.《爱国主义和我国知识分子的使命》的现实意义[J].福建省社会主义学院学报,2003(2):5-8.

入新时期后,为青年群体的全面发展指明了前进的方向。

胡锦涛同志在继承党的三代领导核心青年观基础上,对青年人在中国特色社会主义现代化建设中发挥的重要作用更是寄予厚望。他指出:"回顾90年的发展历程,我们有一个共同的感觉,这就是,我们党自从成立之日起就始终代表广大青年、赢得广大青年、依靠广大青年。"①在党的十七大报告中,他指出青年富有蓬勃朝气、充分创造热情的,是实现全面建设小康社会奋斗目标、发展中国特色社会主义的生力军。只有充分尊重青年的主体地位,才能凝聚青年、赢得青年,才能调动广大青年投身社会主义现代化建设事业的热情,进而为中国青年运动始终保持活力提供必要的保证。在青年教育方面,他指出,要以爱国主义教育作为重心,全党都要关注青年、关心青年、关爱青年、倾听青年心声、鼓励青年成长。② 我国社会主义教育事业发展过程中亟须解决的关键问题是青年培养内容以及培养方式问题。该问题能否有效解决关系到党和国家的发展前途以及中华民族的共同命运。③ 他深刻认识到,由于缺乏对马克思主义理论的系统教育,加上对党的优良传统和历史掌握不充分,导致部分青年干部身上还存在一些缺点和不足。因此,他要求各级青年工作者要充分运用思想政治教育,帮助青年树立正确的世界观、人生观、价值观,并指出互联网成为广大青年获取知识信息的一个新窗口,成为青年接受思想

---

① 胡锦涛.在庆祝中国共产党成立90周年大会上的讲话[M].北京:人民出版社,2011:28 - 29.

② 胡锦涛.在庆祝中国共产党90周年大会上的讲话[N].云南日报,2011 - 07 - 02(01).

③ 胡锦涛.在全国加强和改进大学生思想政治教育工作会议上发表重要讲话[N].光明日报,2005 - 1 - 19(01).

政治教育的一个新途径。① 胡锦涛同志的青年观继承和发展了马克思主义青年观,对新时期青年工作发展产生了十分重要的指导意义。

党的十八大以来,习近平同志更加重视青年人的成长成才工作,他围绕青年问题发表了一系列重要讲话,指明了青年发展的方向,形成了符合时代发展要求的青年观。习近平同志指出,当代中国青年是与新时代同向同行、共同前进的一代,生逢盛世,肩负重任。广大青年要爱国爱民,从党史学习中激发信仰、获得启发、汲取力量,不断坚定"四个自信",不断增强做中国人的志气、骨气、底气,树立为祖国为人民永久奋斗、赤诚奉献的坚定理想。要锤炼品德,自觉树立和践行社会主义核心价值观,自觉用中华优秀传统文化、革命文化、社会主义先进文化培根铸魂、启智润心,加强道德修养,明辨是非曲直,增强自我定力,矢志追求更有高度、更有境界、更有品位的人生。要勇于创新,深刻理解把握时代潮流和国家需要,敢为人先、敢于突破,以聪明才智贡献国家,以开拓进取服务社会。要实学实干,脚踏实地、埋头苦干、孜孜不倦、如饥似渴,在攀登知识高峰中追求卓越,在肩负时代重任时行胜于言,在真刀真枪的实干中成就一番事业。他针对当前国内外各种思潮交汇碰撞现状,教导青年要树立远大理想,指出,理想指引人生方向,信念决定事业成败。没有理想信念,就会导致精神上"缺钙"。就会得"软骨病"。青年人有理想、敢担当、能吃苦、肯奋斗,中国青年才会有力量,党和国家事业发展才能充满希望。全党要关注青年、关心青年、关爱青年,倾听青年心声,做青年朋友的知心人,青年工作的热心人,青年群众的引路人。青年自身也要扣好

---

① 胡锦涛.在共青团十四届四中全会上的讲话[N].中国青年报,2001-2-19(01).

人生的第一粒扣子,要立志做大事,不要立志做大官,要勤学、修德、明辨、笃实。要同人民一道拼搏、同祖国一道前进,服务人民、奉献祖国,这才是当代中国青年的正确方向。由此,针对青年教育工作,习近平同志指出,要结合青年特点和成长规律,发挥好课堂主渠道作用。要循循善诱,春风化雨,努力做到每一堂课不仅传播知识,而且传授美德,每一次活动不仅健康身心,而且陶冶性情,让同学们都得到倾心关爱和真诚帮助,让社会主义核心价值观的种子在学生们心中生根发芽。要努力培养社会主义建设者和接班人,源源不断为党输送健康有活力的新鲜血液。同时,他也注意到家庭教育对青年成长的重要影响,指出无论时代如何变化,无论经济社会如何发展,对一个社会来说,家庭的生活依托都不可替代,家庭的社会功能都不可替代,家庭的文明作用都不可替代。由此,要树立良好的家教家风,促使青年健康成长。另外,习近平同志将青年梦与伟大复兴中国梦紧密融合,指出青年一代有理想、有担当,国家就有前途,民族就有希望,实现我们的发展目标就有源源不断的强大力量。……展望未来,我国青年一代必将大有可为,也必将大有作为。这是"长江后浪推前浪"的历史规律,也是"一代更比一代强"的青春责任。广大青年要勇敢肩负起时代赋予的重任,志存高远,脚踏实地,努力在实现中华民族伟大复兴的中国梦的生动实践中放飞青春梦想。要让广大青年敢于有梦、勇于追梦、勤于圆梦。这就要求新时代中国青年要树立远大理想,要热爱伟大祖国,要担当时代责任,要勇于砥砺奋斗,要练就过硬本领,要锤炼品德修为。习近平同志青年观为新时代青年群体的成长成才和伟大复兴中国梦的实现指明了前进的方向。

根据上述党和国家的青年观,2017 年 4 月,中共中央、国务院印发《中长期青年发展规划(2016—2025年)》。该规划也是新中国历史上第一次专门面向青年群体制定出台的发展规划。该规划指出，青年是国家的未来、民族的希望。青年兴则民族兴，青年强则国家强。促进青年更好成长、更快发展，是国家的基础性、战略性工程。规划所指的青年，年龄范围是14－35周岁(规划中涉及婚姻、就业、未成年人保护等领域时，年龄界限依据有关法律法规的规定)。此规划以其纲领性地位，为新时代青年发展保驾护航，充分反映了党和国家"始终坚持把青年作为党和人民事业发展的生力军，为青年在革命、建设、改革中施展才华创造条件、提供舞台；尊重青年敢想敢干、富有梦想的特质，注重激发青年的参与热情和创新活力，引领青年勇开风气之先、走在时代前列；关心、解决青年的现实问题和迫切需求，支持青年在人民的伟大奋斗中实现自己的人生理想。"①

第二节　当代青年群体风貌

时代发展赋予青年群体新的历史使命，同时也给青年的生存与发展带来新的挑战。习近平同志指出，"当前，世界范围内各种思潮

---

① 廉思.中国青年发展(1978—2018)[M].北京:社会科学文献出版社,2019:85.

交流交融交锋,国内各种矛盾和热点问题叠加出现,境内外敌对势力对我国实施西化、分化战略一刻也没有放松。"在此社会环境中,正处于价值观形成关键期的广大青年群体,无时无刻不面临着复杂而严峻的身心考验,呈现出丰富多样的群体风貌。

一、青年群体的发展环境

我国社会发展进入中国特色社会主义新时代以来,人民物质与精神生活水平进一步提升,2021 年,第一个百年奋斗目标"全面建成小康社会"如期完成,国家经济总量稳居世界第二大经济体,中等收入群体进一步扩大,呈现出非常可观的消费力量,成为拉动世界经济的主要引擎之一,我国正以更具韧性和更加包容的发展面貌,成为助力世界经济恢复的可靠"火车头"。随着综合国力的日益强大,特别是构建人类命运共同体理念的有效落实,以合作而非竞争为中心的新型全球化正逐渐变为现实。"2015 年初,据国家统计局公布的《2014 年国民经济和社会发展统计公报》显示全年国内生产总值636463 亿元,比上年增长 7.4%。习近平向世界宣布中国进入经济新常态阶段,正朝着分工更细化更复杂、发展形态更高级、结构更优化更加合理的阶段转变。"新时代青年发展正是立足于这样的全球化发展环境,迎接着"海阔凭鱼跃,天高任鸟飞"的发展机遇,经历着"百舸争流,奋楫者先,千帆竞渡,勇进者胜"的多元挑战。

2013 年 3 月,习近平同志在莫斯科国际关系学院发表题为《顺应时代前进潮流 促进世界和平发展》的演说,指出和平、发展、合作、共赢成为时代潮流,旧的殖民体系土崩瓦解,冷战时期的集团对抗不复存在,任何国家或国家集团都再也无法单独主宰世界事务。一大批新兴市场国家和发展中国家走上发展的快车道,十几亿、几十亿人口正在加速走向现代化,多个发展中心在世界各地区逐渐形成,国际力量对比继续朝着有利于世界和平与发展的方向发展。各国相互联系、相互依存的程度空前加深,人类生活在同一个地球村里,生活在历史和现实交汇的同一个时空里,越来越成为你中有我、我中有你的命运共同体。2022年10月,习近平同志在党的二十大报告中提出中国式现代化要求,其本质要求就是"坚持中国共产党领导,坚持中国特色社会主义,实现高质量发展,发展全过程人民民主,丰富人民精神世界,实现全体人民共同富裕,促进人与自然和谐共生,推动构建人类命运共同体,创造人类文明新形态。"由此而言,当今世界虽然局部区域仍然存在紧张的矛盾冲突,但从整体发展趋势来看,和平、稳定、开放、共赢仍是时代主流。在这一背景下,中国积极倡导命运共同体理念,全力推动经济全球化,坚持把中国人民利益同各国人民的利益密切结合起来,"不冲突不对抗、相互尊重,推动形成合作共赢的大国关系格局;不断加强金砖国家合作,努力在国际体系改革、国际热点问题上凝聚共识;积极构建周边外交战略,提出以亲、诚、惠、容为理念的周边外交方针,推进区域间的安全合作,筑牢中国发展的周边战略依托"①,有力增强了世界各国之间的交流与合作,推动各国建立起了更为紧密的依存共生关系。同时,中国在参与各种国际事务方面也彰显出开放包容的大国风范,树立起了良好的国际形象,为当代青年发展和"中国梦"的实现,创造了稳定优良的外部环境,使青年群体获得了更多学习世界先进技术、了解世界优秀文化的机会,拥有了众多面向世界展示个人才华的交流平台,进而开拓了青年的国

---

① 张琳敏."中国梦"与当代青年使命感研究[D].焦作:河南理工大学,2016:24.

际视野,增强了青年自我发展的国际意识,对于当代青年成长成才都是十分宝贵的发展机遇。

改革开放四十多年来,国内发展取得了令世人瞩目的成就,中国共产党带领人民群众始终坚持和发展中国特色社会主义。党的十八大以来,进一步形成了习近平新时代中国特色社会主义思想。2022年10月,习近平同志在党的二十大报告中庄严提出,"从现在起,中国共产党的中心任务就是团结带领全国各族人民全面建成社会主义现代化强国、实现第二个百年奋斗目标,以中国式现代化全面推进中华民族伟大复兴。"①全国上下在党的引领下团结一心、开拓进取,为全面建设中国式现代化国家、推进中华民族伟大复兴而不懈奋斗。在经济发展方面,我国已顺利完成新时代脱贫攻坚目标任务,消除了绝对贫困和区域性整体贫困,近一亿贫困人口实现脱贫,人民生活水平显著提高,综合国力大幅提升,中国特色社会主义展现出更加广阔的发展前景。"在文化方面,大力弘扬社会主义先进文化,深化文化体制改革,积极构建文化强国。引导人们对社会主义核心价值观体系与社会主义核心价值观的理解和认同,增强对中国特色社会主义道路自信、理论自信、制度自信,有利于增强民族自信心自豪感、凝聚力和向心力。在和谐社会建设方面,加强和改进社会管理。树立社会稳定的新思维,创新社会管理机制,在依法治国的基础上建立政府的公共性和自信心,建立更完善的利益协调机制;强化公共服务,推进基本公共服务的均等化。让每一个公民更好的更公平的享有受教

① 习近平.高举中国特色社会主义伟大旗帜 为全面建设社会主义现代化国家而团结奋斗[N].人民日报,2022-10-26(1).

育的权利、社会医疗的权利、养老保险的权利等等。"①由此而言,我国国内良好的发展环境,为当代青年提供了学习、锻炼、展现身手的良好平台,提供了更好、更公平的受教育的权权,提供了更为广阔的就业空间与扶持创业的新政策。而中国式现代化发展的探索,又为青年群体成长成才、实现自我价值,为国家发展和民族复兴贡献青春力量提供了更多的机遇。

从技术创新角度来说,"以人工智能、无人控制技术、量子信息技术、虚拟现实以及生物技术等为驱动力"②的第四次工业革命的发生,正以不可阻挡的趋势席卷全球,处于这一历史时期的当代青年在个人成长和发展道路上也必然面临着更大的挑战。一方面,要抓住机遇,积极探索各种技术创新对中国式现代化发展的功能价值,使之为建设社会主义现代化强国提供有力的科技支撑。另一方面,也要理性认知第四次工业革命给社会带来的各种风险,要充分了解其技术创新的全面渗透性、后果的难以预测性、"机器问题"带来的社会失业风险、技术监管滞后带来的隐私风险、多智能体崛起带来的治理风险、技术异化带来的伦理风险以及人类生存意义何在的终极风险等问题。③

当然,在当今世界往来频繁、交流便利的条件下,青年群体也不可避免地会受到来自世界各国不良文化思潮的冲击与影响,从而在个体成长与发展道路上,较之从前面临更多的挑战,特别是历史虚无

---

① 张琳敏."中国梦"与当代青年使命感研究[D].焦作:河南理工大学,2016:24.
② 马奔,叶紫蒙,杨悦兮.中国式现代化与第四次工业革命:风险和应对[J].山东大学学报(哲学社会科学版),2023(1):11.
③ 马奔,叶紫蒙,杨悦兮.中国式现代化与第四次工业革命:风险和应对[J].山东大学学报(哲学社会科学版),2023(1):13-16.

主义、拜金主义、个人主义等思想潮流,通过运用现代传播技术和青年人喜闻乐见的宣传方式,对青年思想进行恶意渗透和改造,更严重影响了社会主义制度和共产主义理想在青年群体中的地位,使得青年群体中始终存在着一些亟待解决的思想问题。例如,近年来文化领域又再度掀起波澜的"历史虚无主义"思想,以"不加具体分析而盲目否定人类社会历史发展过程,甚至否定历史文化,否定民族文化、民族传统、民族精神,否定一切的一种历史观点和思想倾向"①,严重影响了部分青年人对社会主义制度和民族复兴伟大梦想的认知与接受,使他们对中国特色社会主义奋斗目标失去了信心和斗志,消解了他们的政治认同,冲击了他们的民族自信心和自豪感,正当积极奋斗的美好青春也因此变得消沉黯淡。拜金主义思潮则是一种将金钱视为一切,认为金钱是万能的,人应该把追求财富和物质当作终极目标和实现自我价值的标准。受这一思潮影响的青年人,呈现出爱财如命、功利至上、追求享乐、为获取各种物质利益不择手段及至丧失做人底线的特点。拜金主义思潮"引发了当代青年的道德危机和价值的迷失,阻碍了当代青年培养和践行社会主义核心价值观。拜金主义思潮的蔓延使当代青年只追求物质和财富,为了到达这一目的可以不顾社会的利益、集体的利益和他人的利益,极大的阻挡了共同理想'中国梦'的实现。"②另外,当今时代,个人主义思潮对我国青年群体的思想认知也产生着很大消极影响,其标榜个人本位,强调个人自由,突出个人中心,主张个人平等,较之其他思想,对青年人健康

---

① 谈娅,石国辉,何宏兵.新时代高校思想政治教育创新研究[M].重庆:西南师范大学出版社,2021:57.

② 张琳敏."中国梦"与当代青年使命感研究[D].焦作:河南理工大学,2016:28.

成长的腐蚀性更加隐晦和凶险。个人主义思潮从本质上来说是随着资本主义生产关系和私有观念的产生而出现的，其在最初阶段也曾因对传统文化思想的反叛而表现出一定的进步性，但随后就以其所造成的更大破坏性，成为一种反动的不良思想，极端严重的个人主义思想，会使人陷入极度自私的境地，最终表现出唯我独尊、目无法纪、是非颠倒的特点，严重影响青年人的健康发展。

因此，当代青年在成长成才和寻求自我发展的道路上，要有辨别是非曲直的能力，要有应对各种复杂挑战的信心与勇气，要始终坚守爱国主义情怀，坚定社会主义方向，将个人理想与实现民族复兴伟大"中国梦"紧密结合起来，树立正确的人生观、价值观和理想信念，做思想坚定和政治方向正确的社会主义建设者与接班人。

二、青年群体的价值观

青年时期是人一生中最富有理想、最具生命活力的时期，也是一个人的价值观走向成熟的时期。价值观是"一个人对周围的客观事物（包括人、事、物）的意义、重要性的总评价和总看法。"[①]青年价值观主要由价值评价、价值取向和价值目标三种要素组成。其中，"价值评价包括对象、评价标准和评价内容，评价标准是价值观的核心，它决定着价值观的性质和特征，决定着人们的价值取向。价值取向直接构成人的行为动机，支配、决定着人们的态度和行为。价值目标是价值取向的积淀、概括和升华。价值目标是一个人行为的最终目的。"一个人的价值观一旦形成，便具有明显的稳定性和持久性，同时在价值取向上也呈现出强烈的个性色彩，进而形成评价他者的独特

---

① 王细芝.大学生人文素质教育研究[M].北京：中国纺织出版社，2022：78.

价值尺度和准则。价值观取决于人生观和世界观。一个人的价值观是从出生开始,在家庭和社会的影响下逐步形成的。一个人所处的社会生产方式及其所处的经济地位,对其价值观的形成有决定性的影响。

改革开放以来,我国青年群体的价值观经历了多重变化。有研究者认为,其主要经历了四个发展阶段:一是1980年,关于潘晓"人为什么要活着"的人生观大讨论阶段;二是1981—1985年,积极、多取向探求新的价值观阶段;三是1985—1989年,价值观的高期望值与低评价率之间的冲突阶段;四是1990年后,价值观回归现实阶段。也有研究者认为,当代青年群体价值观的变迁主要经历了五个阶段:一是20世纪70年代末,价值观的解冻、复苏阶段;二是20世纪80年代初,价值观的批判、讨论阶段;三是20世纪80年代中期,价值观的裂变探索阶段;四是20世纪80年代末,价值观的冲突、分化阶段;五是20世纪90年代中期后,价值观的筛选、重建阶段。还有一种观点认为,当代青年群体的价值观主要经历了两个阶段:一是20世纪80年代,对"人为什么活着"问题的思考;二是20世纪90年代后,对"人怎样活得更好"问题的思考。[①] 由上述阶段区分来看,当代青年群体在不同历史时期,其价值观的确立会因外部环境的变化而发生变化。进入21世纪以来,随着全球一体化趋势的加剧,信息化、网络化技术的普及,以及各种文化交流的迅捷便利,较之以往,青年群体面临的现实环境更加复杂多变,特别是政治、经济、文化等领域现代化程度的纵深推进,在很大程度上影响了人们对传统价值观的判断。当今

---

① 郭海燕,刘艳军. 全球化与当代青年价值观(三)[J]. 教育艺术,2003(10):8 - 11.

社会,精神与物质文化生活水平的大幅提升,使青年人对自我生存价值的探求,不断转向对生命幸福价值的追求,"表现在人生价值观上,我国当代青年的自我意识、进取心和成就欲在不断增强,现世的、功利的、更具个人色彩的人生追求得到强化,而革命理想主义的、抽象政治性的并绝对服从国家或社会利益的人生追求却在逐渐淡化。"例如,有研究者从保家卫国、集体与个人关系、个人与他人关系、金钱观及自我价值实现、职业规划、婚姻与家庭等方面,对当代青年群体的价值观进行了综合调查①,结果发现,青年群体对传统价值观的认知与接受已经发生很大变化。例如,当被问及国家主权受到威胁时,是否愿意主动参军、保家卫国时,有33.3%的青年表示不会主动或尽量逃避。当被问及如何处理集体与个人利益的关系时,有59.3%的青年认为二者应当兼顾,不能因集体利益牺牲个人利益。当被问及如何看待个人与他人关系时,有22%的青年接受先人后己和助人为乐思想,其他均倾向于选择主观利己、客观利他。当被问及对拜金主义思想的看法,有39.3%的人认为这是一种现实需要。当被问及择业标准时,37.8%的青年认为主要看收入和福利待遇以及社会地位。当被问及对婚外恋的看法时,40.4%的青年表示可以接受或说不清楚。当被问及如何看待非婚同居现象时,72.6%的青年认为这是现代人的一种现代观。当被问及努力工作的主要动力时,有42%的青年认为时多赚钱。② 由这些数据,可以充分感知到当代青年群体对社会主导价值的认知与理解,表现出理想信仰淡化、实用主义思想强化、享乐主义观念突出的状貌,使群体价值观呈现出认知不清、标准

---

① 吴新颖. 当代青年价值观构建与培育[M]. 天津:天津教育出版社,2010:40.
② 吴新颖. 当代青年价值观构建与培育[M]. 天津:天津教育出版社,2010:39-44.

不定、认同不一的特点。

　　具体来说,影响当代青年价值观的主要因素有以下几种。一是青年群体价值判断标准发生变化,特别是青年人对真善美、假恶丑的理解,已经与传统价值观评价标准明显不同,甚至受世俗社会利益驱使,出现了以假乱真现象。受日益增强的个体意识的影响,出现了以丑为美甚至以耻为荣现象,完全突破了社会主义主流价值判断的底线。这种模糊不清或有失偏颇的价值判断标准,容易导致社会主导价值标准失落,而受利己主义、功利主义、消费主义价值观念的影响,集体主义、爱国主义、勤俭节约等主流价值标准受到青年群体的怀疑与否定。首先,利己主义观念下选择追求个体利益至上,这不仅容易诱发个体为追逐自身利益而以权谋私,而且会陷入个体本位的状态。其次,在功利主义支配下,注重眼前利益和现实功用,不是持续和全面发展,而是不顾根本利益和长远利益,现实生活中片面重视物质与金钱占有而忽视政治与道德价值。最后,消费主义观念追求体面的消费,无节制的追求物质享受和消遣,对传统美德造成严重冲击,也不利于经济社会的可持续发展,是一种病态的价值观念。二是互联网信息传播对当代青年群体价值观造成巨大的影响和冲击。现代互联网技术对于人类社会发展来说犹如一把双刃剑,它在给人们的生活带来各种便利的同时,也无时无刻不显露着自身的弊端与危险。"在互联网时代,信息传播速度快,各种信息工具的广泛使用,让今天的青年处在一个信息爆炸的时代,青年从互联网上获取大量的有用或无用的信息,这在方便青年工作生活同时,也分散了青年的注意力。大量信息中充斥着各种各样的价值观,较之报刊电视广播,社会主义核心价值观占领舆论信息空间的难度大大增加。另一方面,互联网具有虚拟性,降低了青年社会主义核心价值观培育的权威性和可控性。传统的价值传播过程中,传播主体常以教育者的身份出现,具有较强的单向性,在青年中具有较高的权威性。而互联网空间是虚拟空间,从论坛到贴吧从微博到微信,大多是陌生人的世界,不同区域、不同职业、不同学历、不同年龄的网民汇聚在一起,相互都是平等的主体。在这个环境中社会主义核心价值观培育主体的权威性很难得到认同。同时,移动互联的广泛运用,网络群体私密性增强,大大削弱了社会主义核心价值观培育的可控性,也不利于社会主义核心价值观的传播。"①三是社会各种价值观力量的并存与相互渗透,使得青年群体价值观很容易被误导,走向歧途。因此,在青年时期,帮助青年树立科学的价值观是一项十分重要的工作。

三、青年与社会主义核心价值观

在社会发展的任何历史时期都存在着丰富多样的价值观,其中占据主要地位的就是核心价值观。习近平同志指出:"人类社会发展的历史表明,对一个民族、一个国家来说,最持久、最深层的力量是全社会共同认可的核心价值观。"由此而言,核心价值观是一个国家凝聚民心、发挥民力最重要的助推器。2012 年 11 月,中国共产党第十八次全国代表大会报告提出:"倡导富强、民主、文明、和谐,倡导自由、平等、公正、法治,倡导爱国、敬业、诚信、友善,积极培育和践行社会主义核心价值观。"这是中国共产党凝聚全党和全社会价值共识所作出的一个科学论断,也是中华优秀传统文化在当代社会的传续,其

---

① 张文卿.当代青年社会主义核心价值观培育研究[D].北京:北京交通大学,2017:61－62.

与中国特色社会主义发展要求完全契合。

当今对社会主义核心价值观的引导与培养,是社会主义价值体系的核心内容,"是我们民族长期遵循的反映社会主义建设规律与本质的基本价值理念。它主导和支撑着我们在社会主义现代化建设长期实践中的行为准则与基本方向,从更深层次影响着我们在中国特色社会主义建设伟大事业中的行为方式和思想方法。"①具体来说,倡导富强、民主、文明、和谐,指"经济上要富强,政治上要民主,文化上要文明,社会和生态上要和谐",其立足国家制度层面,充分体现了中国特色社会主义现代化的奋斗目标和价值追求,凝结了中国人民在党的带领下同心共筑中国梦的美好愿景。倡导自由、平等、公正、法治,则立足社会集体层面,是"中国共产党坚持科学发展、以人为本、执政为民、依法治国伟大实践的集中价值体现"。倡导爱国、敬业、诚信、友善,是立足公民个体层面,指"集中体现中华民族传统美德、中国共产党人革命道德和社会主义道德的精华"②,是马克思主义公民道德与价值理念中国化的重要表现。总体而言,社会主义核心价值观各内容要素之间是紧密连接在一起的,"富强、民主、文明、和谐,是中国特色社会主义的基本价值追求,它体现的是我国经济建设、政治建设、文化建设、社会建设和生态文明建设的内在发展要求;自由、平等、公平、法治是中国特色社会主义的基本社会属性,它体现的是我国作为中国特色社会主义社会的总体价值趋向和整体目标要求;爱国、敬业、诚信、友善体现的是社会主义国家全体公民的基本价

① 泽应. 社会主义核心价值观的基本特征[N]. 光明日报,2007 – 4 – 3.
② 张文卿. 当代青年社会主义核心价值观培育研究[D]. 北京:北京交通大学,2017:17 – 18.

值追求和道德准则要求。"社会主义核心价值观各要素相互联系、深入贯通,共同体现了国家与民族、集体与个人在价值追求上的统一。

2013 年 12 月,中共中央办公厅印发《关于培育和践行社会主义核心价值观的意见》,为培养和提高当代青年群体社会主义核心价值观提供了方向和基本准则。首先,要针对当代青年信仰多元化的特点,坚持和巩固马克思主义思想的主导地位,坚定社会主义意识形态主流方向,进而有效抵制社会上各种腐朽、落后、错误的思想观念。其次,在对青年群体进行社会主义核心价值观培育时,坚持把青年作为培育主体,充分了解青年群体的身心特点和价值认知与接受规律,密切关注青年群体的利益追求和价值诉求,凸显社会主义核心价值观培育过程中的人文关怀意识。"提倡现代的培育观,充分发挥学青年的主观能动性,激发他们进行自我激励和自我塑造,增强他们的自我教育能力,从而使他们把社会主义核心价值观的基本内容转化为自身的内在要求。"①最后,要时刻加强党对青年群体政治意识的领导和思想道德建设的引领。鼓励青年群体积极参加社会实践,树立远大理想,强化使命承担意识和社会责任意识,特别要将个人理想追求与中华民族伟大复兴梦想密切结合起来,与"在中国梦"相呼应,与国家发展目标相融合,使中国梦和青年梦成为一个有机统一的整体,以中国梦托举青年梦,以青年梦助推中国梦。

---

① 张文卿.当代青年社会主义核心价值观培育研究[D].北京:北京交通大学,2017:94.

第三章

沂蒙精神发展与时代青年的关系

2014 年 5 月 4 日，习近平同志在北京大学与师生座谈时指出，时间之河川流不息，每一代青年都有自己的际遇和机缘，都要在自己所处的时代条件下谋划人生、创造历史。青年是标志时代的最灵敏的晴雨表，时代的责任赋予青年，时代的光荣属于青年。事实上，诞生于革命战争年代、发展壮大于社会主义建设时期的沂蒙精神，其伟大内涵的确立，也与一代又一代青年人的积极参与、热情付出、艰苦奋斗和无私奉献有着十分密切的关系。

第一节　革命战争时期

在沂蒙这块红色热土上,沂蒙精神从诞生之日起,就与无数具有先进马克思主义思想和坚定革命信念的进步青年有着千丝万缕的联系。他们思想活跃、爱憎分明,对社会不公现象敢于反抗,对各种社会问题敢于探索和实践。在革命战争时期,无论是对先进革命思想的宣介传播,还是对沂蒙革命运动的引领发动,抑或是对党在沂蒙地区开展革命斗争的支持拥护,青年群体都表现出立场坚定、不怕牺牲、勇往直前的精神品格,发挥了不可替代的作用。

一、青年共产党员的积极贡献

在沂蒙地区早期党组织建立、马克思主义思想传播和发动人民群众进行革命斗争过程中,涌现出了一大批优秀的青年共产党员,他们冒着生命危险,为宣传革命思想、建立沂蒙地区党组织、发动群众做了大量工作,留下了许多可歌可泣的革命故事,勇敢担负起了时代赋予他们的责任与使命。

20世纪20年代,沂蒙地区社会状况混乱,加之旱灾、涝灾、蝗灾等自然灾害频繁发生,人民生活在水深火热中。1926年初,24岁的年轻共产党员李清漪,从上海回到家乡沂水县诸葛镇下胡同峪村,与其弟李清潍创办平民夜校,编写教材,在传递文化知识的同时,向农村进步青年宣传共产主义思想,吸收了周围村庄30余名贫苦青少年到校学习。此外,他们还编印《农民小报》,向农民群众宣传革命道路和进步思想。李清潍,18岁在青岛商科职业学校读书时,经中共一大代表邓恩铭、王尽美介绍,参加了中国社会主义青年团,这也是沂水县和沂蒙山区见于文献资料记载最早的团员。兄弟二人齐心协力,在家乡沂水从事文化普及和革命启蒙工作,一时间革命思想和文化知识在沂水县西北部山村得到较好普及,给闭塞的山村带来了新气象,为沂水党组织的创建奠定了思想基础。同年秋,26岁的沂水青年王敬斋自广东农民运动讲习所第六期结业,中共山东省委派他回沂水创建党组织,进行革命活动。很快,王敬斋就与李清漪、李清潍取得联系,同时联合鞠百实、邵德孚、张希周三名青年共产党员,于1927年4月成立了沂蒙地区最早的党组织——中共沂水支部。1929年初,在中共沂水县委安排下,李清潍到沂源县东里店镇办学,并在校内外开展革命工作,发展党员,为党组织建立新的阵地。其兄长李清漪则于1927年春介绍埠前村进步青年李鸿宝加入了中国共产党,在沂水县西北乡播下第一粒革命的种子后,被党组织派往济南担任中共山东区委机关技术书记,在极端困难的条件下担负起挽救革命的重任。同年5月20日,山东区委机关遭到破坏,李清漪不幸被捕,敌人严刑逼供,他誓死不屈。1927年5月23日,李清漪被敌人残忍杀害于济南南圩门外,年仅26岁。

不怕牺牲、为国捐躯的蒙阴县垛庄镇(当时属沂水县)青年共产党员刘晓浦和刘一梦,也是沂蒙地区早期党组织的领导者。他们二人是叔侄关系,都出生于"燕翼堂"家族,两人在青年时期就立下报国宏志。在上海大学读书期间，他们积极参加社会活动。五卅惨案发生后，受学校党组织派遣，他们分头深入工厂、学校，发动工人、学生，声讨英、日帝国主义的滔天罪行，救济受难同胞，最终通过学习和实践，接受了马列主义、共产主义思想，并于1926年前后由王尽美介绍加入中国共产党。从此，叔侄二人一起投身到革命事业中。大革命失败后，刘一梦、刘晓浦先后被党派到山东工作。1929年7月，因叛徒告密，二人相继被捕入狱。面对敌人的严刑拷打、威逼利诱，叔侄二人宁死不屈。而面对前来营救自己的家人，刘晓浦说："我有我的信仰，我和国民党是死对头，让我背叛组织，自首出狱，就算死我也做不到。"刘一梦也坚定地表达了自己的信仰："要我放弃真理，背叛组织，出卖同志，这绝不可能！"1931年4月，年仅28岁的刘晓浦和26岁的刘一梦，面对敌人的枪口昂首高呼："打倒国民党反动派！打倒帝国主义！中国共产党万岁！"英勇就义。在烈士精神的感召下，刘氏后人共同践行了他们的遗愿，一心拥护共产党，在民族危亡之际，深明大义，毁家纾难，毫无保留地将土地、财产甚至亲人的生命奉献给党和人民的事业。

沂南县苏村镇门家庵子村青年共产党员邢宝珍，虽身为女子，但爱国爱党志向不输男儿，她性格刚烈，不缠足，不学针线活，爱好武术、射击，13岁就练得一手好枪法。1941年1月，其父邢祚光在小杜家庄敌伪据点率105名伪军起义，杀死日军20余多人。起义前，邢宝珍协助其父观察敌情，检查武器弹药，组织伪军家属秘密转移，做了大量的准备工作。起义时，她持枪扼守东门，未放走一个敌人。起义成功后，邢宝珍随军进入根据地，参加莒沂工作团，担任宣传员。她四处搜集日、伪军活动情报，编印和散发抗日传单，多次受到表彰。

1941年12月,由于叛徒告密,她和母亲李曰荣在沧浪沟(今铜井镇)被捕,押至沂水城日军监狱,遭到严刑拷打,但二人均宁死不屈。1943年3月,年仅16岁的邢宝珍和母亲李曰荣在沂水城北被日军残忍杀害,鲁中军区在沂南县松林村召开会议,沉痛悼念两位革命烈士。

　　1925年,26岁的莒县大罗庄进步青年宋寿田,经王尽美介绍,加入了中国共产党。他充分发挥自己有文化、善交际的特长,通过莒县老乡、博山同兴公司经理宋次陶(莒县黄埠村人)的举荐,当上了同兴公司大昆仑煤炭站的会计。他遵照王尽美同志的指示,以经营煤炭为职业掩护,从事党的地下秘密交通工作。同时,他利用一切可能的机会,灵活宣传共产党的主张,发现和培养积极分子。1926年初,葛醒农(莒县招贤人)、宋延琴(莒县大罗庄人)为谋取职业,先后投奔宋寿田。宋寿田安排他们在大昆仑煤炭站做工,他不仅在生活上关心照顾他们,更经常与他们谈心,向他们宣传共产党的主张,揭露旧社会的黑暗。经过一段时间的教育,葛醒农、宋延琴确立了为共产主义奋斗的理想,宋寿田介绍他们加入了中国共产党。1926年夏,宋寿田根据地下党组织指示,在取得资方同意后,赴同兴公司青岛分公司任会计。工作之余,他们学习马列主义理论,按照党的指示进行革命活动,印刷宣传品,宣传共产党的主张,宣传国民革命军北伐消息,号召工农团结起来,抵制日货。1937年初,宋寿田带着购买到的两支手枪准备回家乡莒县时,被跟踪的敌人逮捕。在狱中,他守口如瓶,拒绝回答敌人的审问。敌人对他施以鞭笞、"老虎凳"、灌辣椒水等酷刑,他始终坚贞不屈。由于受刑太重,宋寿田生命垂危,经党组织多方营救保外就医,但终因伤势太重,不幸离世,年仅39岁。

在沂蒙地区早期党组织建设和发展中，还有许许多多年轻的共产党员以无愧于党和时代的铮铮铁骨与赤胆忠心，矢志不移地坚守着对国家和人民的忠诚。36岁的共产党员邵德孚，在被国民党反动派逮捕后，临危不惧，与敌人斗智斗勇，尽己所能保护刚刚建立起来的沂蒙地区党组织和年轻的党员战友。31岁的共产党员于松泉临危受命，以地下交通联络员身份营救了沂蒙地区的许多同志战友。23岁的蒙阴县青冈崖村共产党员张发荣，积极发动群众参加土地改革、反奸诉苦和拥军支前，因坚守党的秘密，不幸遇难。38岁的兰山区义堂镇共产党员陈元君积极带领群众支援前线，发动群众开展减租减息运动，被日军抓住，英勇就义。39岁的费县朱田乡共产党员裴干美带领全村百姓加强抗敌联防，被敌人逮捕后，受尽酷刑却绝不屈服，被敌人残忍杀害。19岁的沂南县岸堤镇共产党员刘桂兰，深入基层发动妇女救护伤员，筹运军粮、做军鞋、缝军衣、抚育革命后代，积劳成疾，不幸病故。21岁的沂南县依汶镇共产党员高会芹脱离优裕的家庭生活，参加革命，在沂蒙地区开展抗日宣传工作，在临沂执行任务时不幸牺牲。在抗日战争最困难的时期，为了巩固发展根据地，沂蒙抗日根据地党组织青年力量采取一系列有力措施，大力发展经济，加强财政工作，开展工商贸易，进行货币斗争，开展大规模的生产运动，从而改善了军需民生，度过了经济困难时期。在沂蒙根据地，根据地各级党政军民，按照党中央关于"发展经济，保障供给"的指示精神，大力发展农业、家庭手工业、开办工厂、加强市场贸易和管理，千方百计，广开财源。为此，根据地党政军机关组织广大军民发展农业生产，通过劳动互助组、代耕、换工等方法，调剂人力畜力，多种地、多打粮，同时开展生产节约运动。115师为了爱护民力，减轻群众负担,发动全体指战员自己背粮、拾柴、磨面,生产节约总额61.5万元。在政府的组织指示下,根据地内手工业发展达到了军民所需自给有余的程度。通过货币斗争,和发行北海票,稳定了物价,保卫了根据地的物资。根据中共中央指示精神,中共山东分局、山东省战工会多次发出指示,要求各级党政军群领导机关把大生产运动作为中心工作来抓,各级负责人以身作则,带头参加劳动。罗荣桓不顾病魔缠身,亲自带领大家挖盐田;黎玉、肖华等领导人深入田间地头,到生产第一线召开座谈会,帮助群众制定生产计划,并带头参加劳动,进一步密切了党政军民之间的关系。

在血与火的革命战争年代,青年共产党员在沂蒙革命根据地"采用边学习、边战斗、边生产的理论与实践结合模式,强调实事求是、尊重青年需要与原有基础、自愿性等原则,不仅灵活安排学习时间与方式,而且强化学习知识的现实应用,如将认字与写信、写日记、算账等具体应用结合。注重提升青年的生产或建设技能,莒南、临沭两县开办的青年学校是以纺织为主、农业为辅的专业教育。这种教育方式使得青年高度参与生活、生产、战争等实践,并在实践中学以致用,提升自己的文化水平与思想素质,形成相互学习、共同成长的良好氛围,沂蒙精神得以养成与深化。"同时,"在地方以青联等青年组织为依托开展创模运动。例如,为了发挥生产与学习模范高洪安的带动作用,沂南青联与教育部门共同开展了'高洪安运动',倡导大家以这些模范为核心组成自学小组,形成青年夜校或青年民校,如高洪安小组、高洪安民校。通过模范引领的学习运动,形成了青年学习与工作上的自觉。这种事事立功、人人立功的做法,极大地促进了青年的立功热情,形成模范带动、相互影响、积极向上的良好氛围与精神风尚。"①

二、"识字班"女青年的无私奉献

"识字班"这一称谓最早可追溯至 1933 年 6 月中华苏维埃共和国中央教育人民委员部颁发的《识字班工作》。1933 年 12 月,毛泽东同志在撰写《长冈乡调查》时,对识字班进行了详细介绍,其作为乡村扫盲运动的一种形式,主要通过开展群众识字运动,对百姓进行初步扫盲。随后,毛泽东同志在《才溪乡调查》中对识字班教学进行了介绍。"识字班。二十四组,每组十人,共二百四十人,每五天由夜学教员发五个新字去认。每组一个组长,男女均有。因老,因工作,因小孩牵累,不能入夜学的,便入识字班。"由此可知,早期的识字班学员,不分男女老幼,凡不便于集中时间入夜校学习的,均可参加识字班。1938 年,在沂蒙山区一些地方开始出现识字班。1939 年,山东抗日根据地开始在农村开展大规模识字班教育活动。1941 年,山东省妇联号召"要加强组织妇女识字班、识字组,建立女子小学、妇女训练组"。沂蒙地区党组织通过开办"识字班",更加积极地鼓励和组织青年妇女识字、学文化。"参加'识字班'学习的广大妇女们以空前的热情投入到自身解放和民族解放中,'识字班'就像雨后春笋般地在根据地农村发展起来,据山东省妇救会不完全统计,1940 年各地共办妇女识字班 760 多个,参加学习的中青年妇女 131050 人。1941 年 3 月,胶东地区共举办民众夜校 3077 所,妇女识字班 3405

---

① 魏艳菊.以沂蒙精神引导青年参与社会治理[N].中国社会科学报,2022 - 7 - 20(A11).

所,参加学习者达26万余人。"①

当然,就开办识字班的初衷来说,实际最初的识字班不分年龄、性别分班,不仅有女青年,还有男青年,不仅有十几岁的姑娘,还有七八十岁的老年妇女。因为女青年坚持得最好,后来识字班专指超过上学的年龄又没有出嫁的农村妇女参加的学习班。而这正是革命战争时期,沂蒙地区人们总是喜欢称青年女性为"识字班"的主要原因。姑娘们参加识字班如小鸟出了笼,学习热情高涨。老师教过的字都挤时间反复进行复习。白天下田劳动,利用休息时间,在地上划;回家做饭,在灶前练;晚上睡觉,用手指在肚皮上划。房前门后、四面墙壁,到处划满了字。而通过参加识字班学习的农村妇女,不仅接受了文化教育,还接受了民主教育和革命教育,她们每天在劳动中边识字学习,边唱革命歌曲,迎来了属于自己的新生活。放脚剪发、追求婚姻自主、男女平等,她们的自身家庭地位和思想觉悟都得到了很大提高。由此,这些青年女性逐渐形成了追求独立和自由的主体意识,她们渴望通过革命获得自我解放,渴望为党的革命事业和民族独立贡献力量。很多青年女性在参加了识字班后,开始走上求解放的新路,挑起了站岗放哨、查路条、捉汉奸、动员参军、支前、维持治安的重担,成为革命队伍中不可或缺的坚强力量。

1944年,莒南县洙边村19岁的青年"识字班"梁怀玉,为配合党组织做好参军动员工作,积极参演《王宝山参军》小戏,并在村里召开的参军动员大会上立下誓言:"青年们要响应党的号召,只有消灭了敌人,解放了全中国,咱穷苦人才能过上好日子。当兵就不要顾虑

---

① 牟欣.抗战时期的沂蒙老区识字班[J].山东档案,2015(6):23.

家,咱们民主政府组织了变耕队,帮着军属种地,俺识字班今后一定照顾好军属。当兵上前线,也不要担心找不到对象,俺们识字班找对象就要找个当兵的,谁当兵谁光荣,谁第一个报名我就嫁给谁!"梁怀玉的壮志豪情深深感染了现场青年,动员大会十分成功,村东头刘玉明第一个报名参军,在他的带动下,全村11个青年踊跃报名参军。全县527个自然村里,就有1488人应征,1339人加入了主力部队。而梁怀玉也信守诺言,做通父母的思想工作,嫁给了家境贫寒的刘玉明,自此,刘玉明在前线冲锋陷阵,梁怀玉就在家中承担起了照顾他的父母和幼妹的责任。虽然生活十分辛苦,但她仍然勤劳上进,除了干好家务活,还一直担任着识字班队长,坚持参加革命活动,竭尽全力做好村里的支前工作,无论推米磨面、烙煎饼,还是做军鞋、送慰劳品,她样样都跑在前。与梁怀玉经历相仿的还有莒县长岭镇古井二村的识字班队长田树荣,为了鼓动全村青壮年报名参军,她在动员大会上表态:"谁第一个带头报名参军,我就嫁给他。"村中比她大七岁的青年刘纪坤第一个报名,并带动了全村7名青年踊跃报名参军,田树荣信守承诺嫁给了他。她的模范行为感动了热血男儿,受到人们的热情称赞。

沂水县诸葛镇青年"识字班"曾超,在得知军队紧急转移需要人力时,积极组织村里十几名六十多岁的老人和数十名青年女性,夜间赶赴五六十里路,帮助八路军紧急转移军粮。她不辞辛苦地动员村中青年参军参战。诸葛镇小诸葛村在村、乡妇救会长刘敦兴带领下,发动两千多名妇女参与抗战,二十多名女党员和村干部到岸堤干校学习,成为党的优秀妇女干部。① 蒙阴县烟庄女性青年张玉梅、伊廷珍、杨桂英、伊淑英、冀贞兰、公方莲,在抗日战争时期,更是以拥军支前的模范事迹,被人们尊称为"沂蒙六姐妹"。她们均是二十岁左右的年轻姑娘或媳妇,家境贫寒,但在拥军支前上,无论是推磨碾粮、缝衣做鞋,都绝不落后,成为人人夸赞的支前模范。孟良崮战役打得最激烈的时刻,六姐妹接到往前线运送弹药的任务。她们认为这是十分危险的任务,因此没有挨户动员,而是以她们六人为主,联络了几个骨干,组成了运输队,两人一组抬一个50公斤重的弹药箱,翻越20多里山路,将弹药送到前沿炮兵阵地。而在这次战役中,和她们一起战斗的还有沂南艾山乡妇救会长李桂芳组织的32名青年女性,她们为了让战士们迅速渡过汶河,奔赴前线与敌人作战,共同背负着七块门板,跳入冰冷的河水中,用自己的身体搭建起了一座坚实稳定的"人桥"。"据不完全统计,从抗日战争到解放战争的十二年间,临沂地区妇女共做军鞋315.13万双,做军衣121.68万件,碾米磨面11715.9万斤,妇女共动员39万人参军,共救护伤员5.9万余人,掩护革命同志9.4万人,这些惊天数字充分体现出沂蒙红嫂朴实善良、无私奉献、艰苦创业的伟大精神。"②

当前方军队捷报频传,后方群众的拥军支前热情也变得无限高涨,在他们中间,更有许多青年女性以强烈的大局意识和共同奋战的集体精神,不顾生命危险,克服重重困难,及时将粮食、弹药、粮草等物资,源源不断地送往前线。她们以朴素的阶级情感,将民族解放和全国的胜利视为个人奋斗的理想,舍生忘死、无私奉献、全心全意拥

---

① 李浩源.沂蒙精神形成基础研究[D].曲阜:曲阜师范大学,2019:10.
② 安盈洁.沂蒙精神及其时代价值研究[D].兰州:西北民族大学,2014:16.

军支前,为革命的最后胜利付出了巨大贡献和牺牲。

三、参军参战青年的赤胆忠心

在革命战争年代,"沂蒙地区曾发生过大大小小的战斗 4000 余次,在沂蒙英勇就义牺牲的革命战士就有 6 万多名,而其中就有近3.1 万名英烈是临沂籍的沂蒙人。仅解放战争时期,全区 460 万人口就有 120 万人支前参战,有 31000 多名沂蒙儿女献出了自己宝贵的生命。"①在革命精神感召下,无数沂蒙男儿以实际行动参军参战,他们投身战场、奋勇杀敌、不怕牺牲,时刻彰显着对党和国家的赤胆忠心。

抗日战争初期,短短几个月内,沂蒙地区就组织起了十余支抗日救亡队伍。"1938 年 12 月,八路军山东纵队成立时,沂蒙抗日根据地的八路军已发展到 5 个支队,1 个总队、两个团,约 1.5 万人。"②抗日战争进入全面反攻阶段后,为进一步增强军队作战力量,鲁中、鲁南和滨海区党委先后组织发动了四次大规模的参军参战活动,无数优秀的沂蒙子弟积极响应号召,不怕牺牲、参军参战,为谋求民族解放将个人生死置之度外。在沂蒙地区不断掀起的大规模参军热潮中,还涌现出沭水县县长王子虹冒雪亲自抬花轿迎接入伍青年的佳话。在党的积极引领和动员下,沂蒙山区进步青年积极参军参战,逐渐成为一种自觉行动。他们争先恐后地报名入伍,一时之间沂蒙根据地村村锣鼓响、街街秧歌舞,欢送亲人入伍的场面随时随处可见。"披红戴花骑大马,参军卫国保家乡",沂蒙青年怀着对党和人民军队

① 安盈洁.沂蒙精神及其时代价值研究[D].兰州:西北民族大学,2014:17.
② 中共临沂市委党史资料征集委员会.中共临沂地方史(第一卷)[M].北京:中共党史出版社,2009:293.

的无限忠心与赤诚,毫不犹豫地出人出力、发光发热,他们渴望以自己的奉献为增强党和人民军队的不断壮大贡献力量。直到今天,这些拥军爱军、参军参战的光荣事迹和模范典型故事还在沂蒙山区广泛流传。

解放战争前期,沂蒙地区党组织再次发动大规模的参军运动,60余万名优秀的沂蒙子弟兵,补给军队力量,极大增强了华东野战军的战斗力。"整个解放战争期间,以沂蒙山区为核心的山东根据地共有957295名优秀儿女参加解放军,其中鲁中南山区就有127829人。"①这些沂蒙子弟兵在战斗中皆吃苦耐劳、作战勇武,充分彰显了沂蒙地区拥军参军的优良传统。在革命战争进行到关键的时期,沂蒙子弟大规模的参军入伍,为夺取抗日战争和解放战争的最终胜利,提供了充足的后备力量,使人民军队始终保持了雄厚的兵力基础,充分保障了人民军队的作战实力。"据统计,沂蒙根据地420万人口中,支前人数达到120万人,参军人数20万人,为国捐躯达10万人。"②"抗日战争和解放战争期间,沂蒙地区曾发生过大大小小的战斗有4000余次,在沂蒙英勇就义牺牲的革命战士就有6万多名,而其中就有近3.1万名英烈是临沂籍的沂蒙人。"时任华东野战军代司令员的粟裕也曾深情回忆山东人民对解放战争的支援:在三年解放战争中,山东人民共发动了四次大的参军运动,送出了五十八万九千余名优秀子弟参军。他们像千百条小溪流渠,汇成了奔腾万里的大江长河,源远流长,滚滚向前。沂蒙儿女不畏艰难、不怕牺牲,用沂蒙山区朴实无华的小推车推开了革命胜利的道路,小推车精神也是沂蒙精神中人

---

① 崔维志,唐秀娥.山东解放战争纪实[M].北京:中国文史出版社,1995:325.
② 李浩源.沂蒙精神形成基础研究[D].曲阜:曲阜师范大学,2019:11.

民群众顽强革命意志的缩影。

战火纷飞的革命战争年代,沂蒙地区无数热血青年全力以赴支援前线战斗,充分展现了英勇献身的革命传统和无私奉献的大爱精神,表现出沂蒙人民对共产党和人民军队的无限信任与忠诚,磨炼了更加顽强的革命斗志,为沂蒙精神的形成提供了宝贵的精神财富。

第二节　社会主义建设时期

新中国成立后,中国共产党带领全国人民大力发展经济,进行社会主义建设,提高人民生活水平。这一时期,沂蒙青年群体以高度的使命意识,继续发扬革命战争年代的奋战精神,鼓足干劲、艰苦创业,坚定不移地建设社会主义,勇敢担负起时代赋予的崭新使命。无论是青年共青团员的生产探索,还是青年共产党员的艰苦创业,都涌现出许多模范代表和先进事迹。仅1955年,毛泽东同志就分别对莒南县高家柳沟村和王家坊前村治山治水、整地致富的成就做出批示。1957年,毛泽东同志又对莒南县厉家寨人民敢于战天斗地、改造自然的壮举给予批示。"三次批示"极大鼓舞了沂蒙青年的斗志,他们勇扛红旗、自力更生、艰苦奋斗,在社会主义建设道路上继续铸炼着伟大的沂蒙精神。

一、青年团员的生产探索

20 世纪 50 年代,面对残酷战争给沂蒙山区造成的经济重创,沂蒙人民没有消极退缩,更没有向国家伸手求助"等、靠、要",而是同心同德、迎难而上,以积极修复战争创伤、重建美好家园的决心与意志,怀着巨大的建设热情投身到各种保生产、促发展工作中去。在这一过程中,青年共青团员勇于探索、开拓创新,总结出很多行之有效的促进生产劳动、提高百姓入社积极性的优良经验。

莒南县高家柳沟村,地处县城东北山地,土地稀少,自然条件恶劣。村中 300 多户人家常年生活贫瘠,文化建设更是十分落后。全村识字人数不过 9 人,还几乎都是地主和富农子弟,贫寒农家很少有能力供养子女读书求知。新中国成立后,高家柳沟村成立了红旗农业合作社及多个分社,为了做好生产记录工作,村内急需一些有文化、能识字的村民担任记账员,但是团支部在村民中选择良久,才勉强挑选出 7 名识字的青年承担这项工作。但是这 7 位青年识字量也十分有限,大多数人连社员所投资金、肥料、农具、出工干活的人名、地名、分工等都写不出来,只好用画圈、画杠的办法来记账。久而久之,等到年终结账的时候,这些记账员也忘记了当初记账的数目,从而引发村民极大的不满,甚至一些村民竟因此产生退社的想法。为了解决这一问题,高家柳沟村青年团支部经认真思考后,向红旗合作社提出组织村内青年识字学文化、创办记工学习班的建议。最初红旗合作社考虑到生产任务繁忙、青年学习成效慢等问题,没有同意这一提议,经多次沟通后,最终同意青年团支部先在社内进行试点,由此,高家柳沟村青年团支部开始创办农民夜校和记工学习班,第一批先组织了 26 名青年团员学习记工记账。记工学习班的学习形式采取集中学和分散学相结合的方法。在党支部的领导下,成立了学习委员会,以生产队为单位划分了学习小组,聘请了 4 名高小毕业生担任夜校教员,其中有 3 名是团员。在实际教学过程中,针对学习班中只学识字不学记账、学习效果差等问题,团支部及时组织教员和学员商议解决,及时提出改进措施,通过创新教学方法、优化知识内容等方式,最终将知识培训和合作社记账需求紧密结合起来,青年团员的学习效果也大幅提升。例如,在具体学习中,把社员姓名、土地坐落、各种农活、农具名称等所要用的字分别排列起来,先学相同的字,后学不同的字。教员先教会学员写自己的姓氏,之后根据每个姓氏后面的辈分,识记写作各自姓氏后面的辈分用字,依次类推,将各自姓氏中所包含的社员名字全部能够识记写出来。对于记账中经常使用的社内地名、农具名、牲畜名、农活名等,也采用这种方法,这样在短时间内让这些青年团员学会了大量的记账用字。"经过两个半月的时间,共学习了 243 个字。这样,青年们就初步学会了记工,为合作社配齐了记账员,并为实行'三查定案'的记工方法打下了基础。"①

总之,立足生产学记账、学识字,在最短的时间内让学员掌握最实用的知识,并在实践中即刻就能熟练运用,是高家柳沟村青年团支部带领记工学习班总结探索出来的一条十分有效的教学方法,而且这种学习方法能随时随地根据工作需求更新教学知识。"例如,初春的时候,各社正帮着春耕和送粪,他们就学习了'耕地'和'送粪'等字;当捕打红蜘蛛的时候,他们就学习了'红蜘蛛'等字;当社员深翻地的时候,教员就教'深翻地'三个字。为了保证经常不断地进行学

---

① 张奎明,李光泉,山东省档案馆. 毛泽东与山东[M]. 北京:中央文献出版社,2003:354.

习,晚上学员集中起来由教员上课,每队有一个辅导员,白天就下地辅导。经过两个半月的学习,参加学习的 115 个青壮年,有 19 个能当记账员,有 92 个能记自己的工账,不能记账的只有 4 人。"①

高家柳沟村青年团支部探索创办的记工学习班,因学习效果突出,很快就在本村和红旗合作社内获得村民社员的拥护与支持,不仅顺利解决了生产记账不清、账目混乱等问题,也激发起了广大青年积极学文化的热情和村民参加合作社的信心。"高家柳沟村团支部创办的记工学习班,大大鼓舞了该村未参加合作社的互助组和其他群众。秋后,红旗社扩社时,有 110 户参加了合作社"②,极大巩固和提升了农业合作社的生产成果,并作为成功经验,在《山东青年报》《人民日报》《中国青年报》《工人日报》等新闻媒体上获得推广。1955 年12 月,毛泽东同志为《莒南县高家柳沟村青年团支部创办记工学习班的经验》一文写下按语,指出这个经验应当普遍推行。自此,高家柳沟村青年团支部创办的记工学习班经验开始走出沂蒙,走向全国。

二、青年共产党员的艰苦创业

在社会主义建设这段激情燃烧的岁月,党的各级组织和青年党员干部领导沂蒙人民为建设美好家园,同隐藏、潜伏的反革命分子斗,同穷山恶岭薄地斗,同旱涝暴雨的大自然斗——在整山治水的大会战现场,在救灾抗灾的一线,在贯彻落实党的政策面前,党员干部在革命战争年代铸就的亲民爱民优良作风不褪色,冲在前,干在先,

---

① 张奎明,李光泉,山东省档案馆.毛泽东与山东[M].北京:中央文献出版社,2003:354.

② 张奎明,李光泉,山东省档案馆.毛泽东与山东[M].北京:中央文献出版社,2003:356.

一名党员干部就是一面旗帜。沂蒙人民紧跟党的领导,坚决贯彻党的政策。党群同心,迎难而上,为伟大的沂蒙精神熔铸进自力更生、艰苦奋斗的精神内涵,为改革开放后临沂经济社会的快速发展准备了思想条件,打牢了精神基础,特别是沂蒙地区青年共产党员更是身先士卒、积极奋进,带领地方百姓取得了一个又一个经济建设的胜利。莒南县厉家寨村村民在年轻的党支部书记厉月坤的带领下,不怕困难、艰苦奋斗、整山治地、引水浇田,历经十余年不懈努力,终于使厉家寨一举脱贫,走上致富道路。这一先进事迹,更是受到毛泽东同志的称赞,厉家寨成为全国学习的榜样。

厉家寨因地处莒南县三山五岭夹缝之中,自然条件十分恶劣,一直是一个贫穷闭塞、经济落后的山村,全村 6000 多亩可耕地被山岭、河沟分割得零零碎碎,有的十几块地才能凑成一亩,加上水土流失严重,粮食产量很低。"穷山恶水种地难,既怕涝来又怕旱,十年就有九年歉",当地群众多年来一直过着"早上菜,中午糠,晚上稀粥照月亮"的艰苦生活。1944 年,21 岁的进步青年厉月坤光荣加入了中国共产党,同年,他担任厉家寨村党支部书记,下决心要改变厉家寨村的落后面貌,让家乡的父老乡亲过上吃饱穿暖的好日子。为了改善全乡经济整体落后的局面,他积极组织村民成立互助组和农业社,根据当地土壤特点,采用深翻地种花生和小麦、高粱等农作物丰产试验的方式,使村民粮食收成获得大幅提升。从 1951 年开始,他集中全部人力、物力,带领厉家寨人民掀起战天斗地、整山治水的热潮。经过几年艰苦奋斗,成功凿通三道岭,搬掉 21 个岭头,填平 21 个大水塘、300 多道水沟,改修 12 条小河,增加耕地面积 190 余亩。1956年,厉家寨的粮食亩产达到 500 多斤,提前 8 年实现农业发展计划纲要的目标。在治水工程中，厉月坤不仅全身心地投入其中，还动员父亲把家中准备盖房用的八间屋的木棒拉到工地上，用以解决工地砌井、垒渠问题，这种舍小家、顾大家的做法，在节省工程费用的同时，更让村民深刻感受到其一心为民、实实在在为村子办事情的赤诚之心，鼓舞了人们的士气，很好地发挥了党员的模范带头作用。1957年，莒南县委向临沂地委、山东省委并中共中央提交《厉家寨大山农业社千方百计争取农业丰收再丰收》的报告，毛泽东同志在阅读该报告后，对厉家寨人民不畏艰难、改造自然的精神给予充分肯定，称赞他们"愚公移山，改造中国，厉家寨是一个好例。"党中央和上级部门对厉家寨的发展成就给予充分肯定，进一步鼓舞了沂蒙青年大规模的整山治水运动。1958—1960年，临沂全区200万名青壮年顶风冒雪、餐风露宿，相继修建了岸堤、跋山等近百座大、中、小型水库及大批塘坝。"到1964年，先后治理3310多座山头，改造300多万亩贫瘠丘田，植树造林200多万亩，兴建大中型水库30多座、小型水库2433座，修筑塘坝15603座，修建引水工程、排灌建筑物9000多处，建成水渠3135公里，有效灌溉面积达到235万亩，控制水土流失面积7646.7平方公里，水稻种植面积达多90多万亩。"①在社会主义建设初期治水设备十分落后、资金筹集更多依靠自力更生的情况下，沂蒙儿女克服重重困难，使用钢钎、铁锨、镢头、竹筐、扁担等十分简陋的工具，手提肩抗、苦战久战，在沂蒙大地上成功修建起了数目众多的库坝工程。"'愚公移山，改造中国'成为全国人民能动地改造恶劣自然环境的座右铭，厉家寨精神也因此传颂到祖国的每一个

---

① 临沂市地方志办公室.蒙山志［M］.济南:齐鲁书社,1999:121－125.

角落。"①

在社会主义建设时期,广大青年共产党员怀着对党的感恩之情,带领人民群众成立互助组、创建农业社,掀起合作化运动高潮,组织剿匪反特,镇压反革命暴乱,平息"毛人水鬼"谣言骚乱事件,广泛开展卫生健康运动、防治疫病,实施"导沭整沂"等水利工程,大力开展抗灾救灾、生产自救活动,整山治岭、植树造林……创造了"千库万塘锁蛟龙""沂河两岸变江南"等一个个人间奇迹,谱写了沂蒙大地社会主义建设的光辉篇章。

第三节　改革开放时期

1978 年 12 月,党在十一届三中全会上提出改革开放政策,临沂地区各级党组织充分把握新的发展机遇,带领广大人民脱贫攻坚、谋求致富道路。无论是在农村开展的架电修路、治山整地工程,还是在城市进行的市场经济探索,青年共产党员再次担负起时代赋予的使命,铸就了"九间棚精神""沈泉庄精神"和"兰田商城精神"等先进精神。

---

① 安盈洁.沂蒙精神及其时代价值研究[D].兰州:西北民族大学,2014:19.

一、青年共产党员的致富引领

20 世纪 80 年代,在临沂市平邑县天宝山乡,有一个名叫九间棚的村子坐落于海拔 600 多米的龙顶山顶上,村子四周都是悬崖峭壁,缺水少电,土地资源十分匮乏,村中人家与外界相连的唯一通道就是一条宽不过 5 米的羊肠小道。受制于极其恶劣的自然条件,这里的百姓生活得非常艰苦。1984 年,在九间棚村已担任多年党支部书记的老党员刘德敬,面对改革开放带来的发展机遇,深知这是让九间棚村摆脱贫困、走上致富道路的唯一途径,而当时首要工作就是为这个贫瘠的村子选一个年轻有为、不怕困难、勇于开拓又甘于奉献的领头人,他和百姓综合考量村中年轻的共产党员,最后将目光落在 31 岁的青年党员刘加坤身上。刘加坤,1954 年出生于九间棚村,是一个与新中国一起成长起来的热血青年。面对家乡的贫困落后和村民们生活的艰辛,少年时期的刘加坤就立下宏志,将来一定要改变家乡的贫困面貌,为此,读中学时,他每次从山下放学回到山顶,都会在书包里装上满满一袋沙子,初中毕业时,他背回山顶的沙子竟然重达 30 多吨。1969 年,刘加坤回村担任团支部书记,自此,他就开始组织村里的青年团员展开了艰难的整地治山工程。短短几年间,他带领村里的青年人为村子义务平整土地 100 多亩,修路 700 余米。对于这些,刘德敬和村民们看在眼里,记在心上,他们一致认为,这是一个有着坚定理想信念、不怕吃苦、敢于开拓和勇于奉献的年轻人,他一定能够带领九间棚人走上致富的道路。1984 年下半年,深明大义的刘德敬就主动让贤,将带领九间棚人民脱贫致富的重担交到刘加坤手上。

年轻有为、勇挑重担的刘加坤深知前路艰难、责任重大,但他没有退缩,而是选择迎难而上。刘加坤一上任,就立即召开全体党员会议,商量九间棚村发展大计。会上,他鼓励每一位共产党员要坚定信念、不怕吃苦,排除万难,一定带领人民群众拔掉穷根,做无愧于人民重托的共产党员。在村民大会上,他根据九间棚村独特的地形特点和自己多年来整山治水的经验,提出以"架电、修路、治水、整地、栽树"为重点的村庄发展五年计划,得到群众的积极拥护。宏伟的目标已提出,美好生活的画卷也已展开,为之奋斗的道路却坎坷崎岖、充满险阻。山下人不相信九间棚人能把电架上山。但在党员干部带领下,几十个小伙子冒着生命危险,沿着悬崖峭壁往上抬水泥杆,杠子断了就用肩扛,站着使不上劲,就爬着拉,硬是在平时空着手都得爬着走的地方把800斤重,十几米长的水泥杆运上山,把电线拉上了山顶。架电难,修路更难。1984年冬天,全村上至70多岁的老人,下到能清理石碴的娃娃,顶风冒雪,全都上了工地,满山响起叮叮当当的锤声和隆隆的炮声。白天苦干,晚上挑灯夜战,用了2万多斤炸药,压断了200多条扁担,用掉了1000多根钢钎,终于把盘山路修成了。在治水工程中,以党团员为骨干组成的突击队。在施工中打头阵,用绳子系在腰间,吊在悬崖上半空作业。向山上运管子,石头滑踩不住,就光着脚丫抬,脚板磨去了一层皮。就是靠这样苦干,解决了高山用水问题。五年时间,他们用辛勤的汗水留下一串惊人的数字:修凿环山路16公里,修建扬水站2座,蓄水池38个,修石砌渠3500米;铺设水管8100米,治山整地120亩,群众集资16万元,投工10万个,动用土石13.7万方。硬是在干旱的山顶上实现了"路跟渠,渠带路,母子水池满山布,灌农田、浇果树,自来水管进农户"的高山水利化。使这个祖祖辈辈点油灯的山村亮起了电灯,告别了贫困,走上了致富之路。

　　刘加坤在带领村民架电修路、整山治水过程中,始终把最危险、最艰难的工作留给自己,"扛着沉重的水泥杆攀陡崖,是他打头阵;筑路,是他把最危险的路段调换给自己承包;修水利,是他第一个系绳子下到悬崖的半空作业。"①这种不怕牺牲、勇敢无畏的精神深深感染了村里的年轻人,在他的带领下,青年共青团员和共产党员更是事事冲锋在前,他们既在集体事业上团结奋进,又在各自岗位上独当一面,形成了一个坚强牢固的党员战斗堡垒。1989年11月,新华社记者李锦到九间棚村进行了为期52天的驻村调研,后以《背水决战 穷村巨变》《九名党员 九根擎天柱》为题,完成了一万余字的调查报告,被新华社内部刊物全文采用,提供给中央政治局领导参阅。随后《人民日报》《农民日报》《半月谈》等核心主流刊物相继报道九间棚村的致富壮举,刊载九间棚村旧貌换新颜的照片,新华社随后发表了题为《九柱擎天》的通讯,九间棚村脱贫致富的经验做法很快在全国引起强烈反响,"从1990年到1991年底,全国有186万人到九间棚参观,还有6个国家的客人到九间棚参观。6位党和国家领导人来九间棚考察。30个省市与自治区的110位省部级干部来到九间棚。"②而李锦在调查报告中提炼出的"开拓进取、艰苦奋斗、坚韧不拔、无私奉献"的九间棚精神,更是极大鼓舞了沂蒙地区青年共产党员带领人民群众攻坚克难谋发展的士气与勇气。他们大力发扬九间棚精神,改造山河旧貌,吃住在工地,推动农田建设和水利工程,沂蒙山区处处

---

　　① 中共中央政策研究室.中国农民的伟大实践 农村改革和发展典型经验[M].北京:中共中央党校出版社,1991:321.
　　② 李锦.大转折的瞬间 目击中国农村改革[M].长沙:湖南人民出版社,2000:323.

左侧竖排:「中国梦」引领下当代青年弘扬沂蒙精神研究

焕发出蓬勃向上的生机活力。例如,当改革开放的春风吹到沂蒙大地,蒙阴县东上峪村青年党员刘焕武,看到家乡依旧山高、路陡、地薄、水贫的落后面貌,毅然辞去教师工作,回村担任党支部书记,下决心带领家乡百姓脱贫致富。"自 1984 年以来,他带领全村人民自力更生,艰苦创业,发扬愚公移山的革命精神,几年来共绿化荒山 800 亩,新造经济林 400 多亩,修盘山公路 25 公里,全村 213 户全部吃上了自来水。1990 年全村人均收入达到 483 元,走上了集体富裕之路。"①东上峪村也因此被誉为"蒙阴县的九间棚"。

二、青年企业家的共富梦想

贫困,一直是困扰沂蒙山区的头等问题。20 世纪 80 年代初,上级政府针对老区扶贫制定了中央部委包扶、拨付扶贫资金、组织对口支援等一系列政策措施。临沂地委、行署带领沂蒙老区人民,大力发扬不畏艰难、自力更生、艰苦奋斗的沂蒙精神,用好用活这些政策,在摸清底子的基础上,抽调青年党员干部到贫困村驻点包村、建强班子,大搞山区小流域治理,修路、通水、送电、送科技……经过十年艰苦努力,靠着"两只手一把镢,敢教日月换新颜"不甘落后不服输的气概,让脱贫工作结出丰硕成果,到 1995 年底,沂蒙地区 7 个贫困县的农民人均纯收入达到 1500 多元,基本实现水、电、路村村通。1996 年3 月,《人民日报》头版头条以《造血工程结出硕果,沂蒙山区整体脱贫》为题,报道了沂蒙老区在全国 18 个连片扶贫地区中率先实现整体脱贫的喜讯。

这一时期,沂蒙地区各级党组织带领各行各业积极进取的青年

---

① 马恒祥.中国乡镇—山东卷(下)[M].北京:新华出版社,1992:414.

人全力向贫困开战,迎着改革开放的春风,引领他们勇敢挑战市场经济大潮。在农村,及时推广敢闯敢试的兰陵县芦塘村等典型经验,土地承包责任制逐步推开,农民的积极性得到极大激发,粮食连年增收,彻底解决了吃饭问题,并且出现了一批靠种植、养殖及个体经营等富裕起来的青年"万元户",成为当时富裕户的代名词。通过引导扶持、评选"九间棚式的党支部""沈泉庄式的党支部"等典型引路举措,工商业经济也开始发展起来。到20世纪90年代初,临沂地区乡镇企业进入发展快车道,各市县户办、联户办、村办、乡办"四个轮子一起转",走出各有特色的发展新路子。1993年9月,农业部对全国发展乡镇企业的200个先进县(市)进行表彰,县级临沂市成为山东省唯一受表彰的县(市),并且名列前茅。这一年,临沂市乡镇企业总产值分别居全国第十七位、山东省第一位,临沂被誉为"老区第一市,齐鲁开放城"。到2004年,临沂市率先在全国革命老区中实现经济总量过千亿元。改革开放以来,在沂蒙精神的激励下,开拓创新的沂蒙青年在擦亮沂蒙精神这一重大政治品牌的同时,还创造出另一个代表临沂的重大经济品牌——临沂商城。到今天,随着综合保税区封关运行、"临满欧"等国际货运班列开行,特别是临沂市委提出建设中国物流科技城以来,"一城引领"的作用得到积极发挥,已成为新时代临沂经济高质量发展的巨大引擎。在新的时代征程上,沂蒙精神与实现中华民族伟大复兴梦始终保持着一致前行的方向,为推动中国梦的实现做出了巨大贡献。

沂蒙大地上那些乘着改革开放的春风,涌现出的许多带领百姓共同致富的青年企业家,更是依靠个人的勤劳与智慧,实干苦干,通过创办个体企业,走上致富之路,但他们在致富后并未满足个人成就,而是选择以无私慷慨之心,把个人创办的企业和致富经验无偿投入到帮助家乡父老乡亲的集体致富上。在临沂市罗庄区,有一个贫困乡村沈泉庄,该村占地面积1.2平方公里,有400余户人家和1600多名村民,长期以来,沈泉庄都是本区经济发展十分落后的一个乡村,人均收入不足300元,百姓渴望脱贫致富。1989年9月,沈泉庄青年企业家王廷江①决定把个人创办的价值600万元资产的白瓷厂无偿捐献给村集体,带领沈泉庄村民发展村办工业,共同致富。1990年1月,一心为家乡百姓谋发展的王廷江被推举为村委会主任,这一重托更加坚定了其带领群众脱贫致富的信念。当时正值农历新年,他顾不上与家人过春节,一心只想尽快筹措资金,把瓷釉厂、氧化锌厂和第二白瓷厂三个项目建设完成。功夫不负有心人,在王廷江和村民们的积极奔走下,三个月后,三个村办工厂就建成开工,当年就创产值4000多万元,利润将近500万元。1992年底,王廷江三年致富规划就全部实现。"沈泉庄围绕陶瓷办起了10个工厂,实现工业产值1.6亿元,利税1750万元,全村人均收入4500元。村里还建起了农场,买了45台农机具、20台自动喷灌机,实现了农业机械化、农田水利化、耕作良种化,300座别墅式楼房拔地而起,村民住房基本实现楼房化。到1995年底,沈泉庄共发展集体企业和合资企业20个,形成了日用陶瓷、建筑陶瓷、机械制造、化工原料四大生产系列,拥有固定资产4.2亿元,完成产值4.9亿元,实现利税4500多万元,村民人均收入6000元,80%的户住上了楼房。六年时间,产值和利税增长了521倍和434倍,村集体企业先后荣获全国最佳经济效益

① 单庆.罗庄有个王廷江[J].党建,1992(12):22-23+26.

乡镇企业、全国最大经营规模乡镇企业、全国最高利税总额乡镇企业和全国建材行业最大规模乡镇企业等桂冠。这一切得益于青年企业家王廷江强烈的市场意识、成本意识和他永不满足的进取精神。"①1995 年,民政部授予沈泉庄"全国模范村民委员会"称号。沈泉庄人民开拓奋斗、大胆创业、敢为人先、饮水思源的精神也传遍全国。

这一时期,在沂蒙大地上,一心带领百姓共同致富的青年企业家多不胜数。临沂市苍山县(兰陵县)青年企业家朱茂军②,30 岁临危受命,担任山东鲁南特种水泥厂厂长兼党委书记,自上任以来,他就以超人的胆识和经商智慧,坚定不移地走现代企业管理之路,使水泥厂始终保持着健康发展的势头,从最初的年生产量不足 0.7 万吨一直到 40万吨,企业固定资产由 46 万元到 8878 万元,产值、利税每年都在全县遥遥领先,企业职工待遇福利均位居前列。1988 年,朱茂军荣获"新长征突击手"和"青年企业家"称号。1993 年,他又被推选为临沂地区青年企业家协会副会长。临沂天达钟表厂厂长徐秀军,以科技求发展,带领全厂职工在短短几年内,完成产值 3000 多万元,实现利税 237 万元,将天达钟表厂发展成为全国最大的语言钟表生产厂。徐秀军先后荣获"临沂市十大杰出青年""临沂市优秀共产党员""山东省青年星火带头人标兵""山东省优秀青年企业家"等荣誉称号。另外,全国优秀青年企业家、鲁南商业大厦李杰和临沂十大杰出青年、莒南县酒厂李学纯,兰山区沂蒙路百货大楼李利国和山东兰陵集团王龙祥等,都是这一时期带领百姓共同致富的"优秀青年企业家"③。

---

① 单庆.罗庄有个王廷江[J].党建,1992(12):22 – 23 + 26.
② 于德春.中国建材名人辞典[M].北京:中国建材工业出版社,1995:475.
③ 临沂市地方史志办公室.临沂年鉴(1995)[M].济南:齐鲁书社,1997:86.

第四节　中国特色社会主义新时代

　　党的十八大以来,中国特色社会主义进入新时代,沂蒙青年在不同岗位上勇挑重担、真抓实干,为推动沂蒙地区经济持续发展,建设新时代"大美"新临沂,继续贡献青春力量,以个人梦助力伟大复兴中国梦,各行各业都涌现出了许多青年模范和先进典型。青年模范王传喜、许步忠、张楠,新时代沂蒙扶贫"六姐妹",因公牺牲刑警史夫俊,"敬业局长"寻明胜,"沂蒙新红嫂"朱呈镕等,他们在平凡岗位做出的不平凡成绩,进一步擦亮了"沂蒙人就是好"的形象品牌,展现出新时代沂蒙精神的熠熠光辉。

一、青年模范造福社会

　　在战火硝烟的革命战争年代,沂蒙山区曾涌现出"拥军支前"妇女模范群体"沂蒙六姐妹"。在新时代脱贫攻坚战场上,沂蒙山区再次涌现出"沂蒙扶贫六姐妹"。她们平均年龄 39 岁,以勤劳之手和青春之力,继续托举起新时代赋予青年群体的责任与使命。沂水慧阳制衣有限公司总经理曹淑云,为帮助贫困山村百姓更好地脱贫致富,直接将服装加工扶贫车间建设到贫困村内,成功安置 146 名贫困人员在村内就业,足不出村走上致富之路。蒙阴县晏婴故里果品专业合作社理事长牛庆花,原本只是野店镇北晏子村一名普通青年农民,2015 年,她积极学习电商知识,成功创办"孟良崮果园"淘宝店,带领村民走上网销扶贫之路。2016 年,她成立晏婴故里果品专业合作社,带领乡亲建设 500 余亩蜜桃、苹果等标准化电商种植基地,成功帮助本村及周边村镇上百户村民脱贫致富。临沂丰乐塑料制品有限公司创始人、"网兜三娘"于学艳,由个人致富到集体致富,成功带动周边乡镇及日照、江苏等地 3000 余人(其中一半以上是贫困户)居家就业、灵活致富。凯凯服饰有限公司总经理刘加芹,是平邑县武台镇咸家巷村赫赫有名的致富先锋。她身残志坚、不惧困难,通过创办村服装加工厂,依靠勤劳双手走上致富之路,随后她先富带后富,积极帮助村中其他残疾人致富,使很多贫困家庭通过制衣工作,实现了光荣脱贫、自主脱贫。临沂市临港经济开发区坪上镇青年志愿者林西臻,先后加入临沂市三个志愿者和义工组织,将送温暖的脚步踏遍整个临港开发区的村村落落。在临沭县曹庄镇朱村建起"快递 + 电商"村级服务站的大学生村官王洋,成功帮助 7 户贫困户脱贫致富。这些新时代青年妇女模范,以她们的勤劳智慧和坚韧顽强,助力周边百姓走上了致富之路,用自己的爱心和初心实现了自己的人生价值,实践着对沂蒙精神的最好传承和弘扬。

31 岁即担任兰陵县代村青年党支部书记的王传喜,把家乡百姓脱贫致富当作首要任务,他因地制宜、科学规划,积极发挥共产党员的先锋模范作用,把一个人心涣散、村风混乱、人均负债 1000 多元的落后村庄,变成了远近闻名的社会主义新农村建设示范村庄,使家乡父老乡亲彻底摘了穷帽、拔了穷根,成为脱贫攻坚路上,勇挑重担,带领村民致富的"时代楷模"。31 岁临危受命担任鲁南制药厂厂长的赵志全,带领全厂职工,历经各种艰难坎坷,"一生致力于振兴民族医药,改革创新,清清白白,克己奉公。在生命的最后十余年中,他忍受着癌症的折磨,带领企业高速高质发展,树立民营企业家的光辉形象。"将一个校办企业成功发展为沂蒙老区改革创新健康发展的领头羊——鲁南制药集团,铸就了新时代"献身改革、造福社会"的企业家精神,成为深受人民敬重的"时代楷模",至今鲁南制药集团利税以每年20%以上的速度稳定增长,并且仍在他规划的方向上阔步前进。全国"人民满意的公务员"、齐鲁时代楷模、青年共产党员许步忠,在担任义堂镇镇长、党委书记期间,以高度的工作热情和对党忠诚、牢记使命,担当作为、拼搏奉献的精神,尽职尽责,在临沂市环保攻坚战的关键时期,他积极想点子、找路子,推动乡镇企业转型升级。不到6个月,他整顿治理义堂镇"散乱污"企业300余万平方米,为当地百姓腾出发展用地6000多亩,义堂镇财政收入同比增长了43.9%,取得了令全市瞩目的环保佳绩。这位将自己的宝贵青春,无私奉献给党和人民的许步忠,却因长时间连续工作,劳累过度,不幸突发疾病,因公殉职,年仅43岁。

近年来,临沂市接连涌现出"沂蒙新红嫂"、南北道救援队、无偿献血志愿者等一大批来自普通群众的先进青年典型,累计推出中国好人、山东好人300多名,省级道德模范38名,全市注册志愿者近40万人,进一步擦亮了"沂蒙人就是好"的形象品牌,展示了美好高尚的沂蒙品格。这些青年模范人物,虽然从事的工作不同,但从他们身上都能看到沂蒙精神的光辉,是新时代值得我们学习的青年榜样。

二、青年建设者奋勇争先

在沂蒙精神的感召鼓舞下,新时代沂蒙青年建设者在各自岗位上奋勇争先，为家乡发展贡献着自己的青春力量。"朱家林田园综合体"项目发起人、沂水返乡青年设计师宋娜，本着共建共享和坚持原生态的理念，从城市回到家乡，先后为临沂马泉创意休闲园区、沂南县朱家林田园综合体做创意设计规划，实实在在地为家乡发展出谋划策、躬身践行，并引领其他青年人深入乡村，开发建设乡村创意项目。在她的带动下，临沂大学青年博士、自然农法创始人邵长文在朱家林成立邵博士自然农场，天河本草园、朴门农场等创意项目由理想变成了现实。青年创客尚长利，通过创客孵化平台筹集 120 万元启动资金，承包 200 亩土地建设十六庄园，获得了一百余万元产业项目扶持资金，将园区打造成了高品质石榴种植、产品深加工、观光旅游三产融合的现代农业产业园。

弘扬沂蒙精神最美青年、费县新庄镇李家白露村便民服务代办员张正渠，在平凡岗位上，急群众所急，想群众所想，热心为群众服务，帮助群众解决各种实际问题。老人钱款被骗，他用自己的工资补给；学校设备陈旧，他四处奔波，争取企业捐助；学生文化生活匮乏，他组织全镇便民服务专职代办员开展课外活动。张正渠还积极开展各种公益服务活动、支教助学活动、"义务普法宣传"活动、为孤寡老人献爱心活动等，以真诚热情的服务受到村中百姓的称赞和信任。

沂蒙地区优秀青年第一书记在乡村振兴攻坚战中也以坚定的理想信念和不惧困难的精神深入基层、深入群众，为群众办实事、解难题，进一步密切党群干群关系，办成了一大批群众多年想办又办不了的实事好事。临沂市河东区驻八湖镇河北崖村第一书记张自成，任职十个月，入户走访老干部、老党员、致富能人、乡贤、群众代表等一百余户，深入了解该村的民风村情和优势资源，突出帮扶工作的"稳"

"实""情",为各项工作筑牢基础。入村第一天他发现退伍老兵张继青因病造成全身瘫痪已十余年,生活不能自理,且伴有语言障碍,家庭生活困难,于是立即联系区残联为其办理了残疾等级评定和残疾补助,一定程度上解决了张继青的后顾之忧。驻汤河镇祝丘社区乡村振兴工作队队员张敬杰到村一个多月来,即通过召集会议、走访等形式,了解到该村负债100多万元,发生过因存在邻里之间不和导致的问题,于是立即联合工作队全体队友召开村支"两委"会,与群众谈心谈话,找准矛盾点和问题根源,用心用情调解邻里矛盾,围绕党建引领主旋律去解决问题、消除矛盾,彻底解决了问题,营造了无讼无访邻里和谐的村居环境。在疫情防控中,驻太平街道光沂村第一书记高鹏始终冲在一线,从初期作为参与信息摸排、查码测温的"小白",逐步变身为会录入、能采样的行家里手。高鹏主动承担上门采样任务,累计帮助村中老人上门采样200余家次。驻梅家埠街道张贺城回民村第一书记厉建兵和副书记李薇积极组织开展"讲文明、树榜样、家风传承"等主题的文明评选表扬活动,评选"好婆婆""好媳妇"等先进典型5家,推动建设了2家希望小屋,精选传播家风、移风易俗等内容,打造了文化广场,让乡风文明等知识进一步融入群众的生活,让群众在潜移默化中接受文化熏陶,进一步促进了社会风气的好转。① 驻莒南县相沟镇古城村第一书记克长红②,巾帼不让须眉,扎根基层服务群众,凭着一股韧劲,在基层党建、基础设施建设、基层

---

① 王军.乡村振兴看沂蒙 | 倾心"第一书记"助力乡村振兴[EB/OL].鲁网(2022 - 10 - 20)[2023 - 3 - 23]. http://sd.sdnews.com.cn/linyi/lyxw/202210/t20221020_4118229.htm.

② 邵琳.寻找最美第一书记 | 克长红:用心用情用力书写好驻村故事[N].沂蒙晚报,2023 - 05 - 17(09).

治理等方面精准发力,用心用情用力在群众幸福洋溢的笑容里写下了"乡村振兴,奋斗有我"的驻村故事。她和工作队成员一起,努力加强基层设施建设,协调资金建设漫水桥一座,铺设水泥混凝土路面13200平方米,极大地方便了村民耕种出行。此外,还加固塘坝一处,有效解决了村内塘坝防汛压力,筑牢安全屏障。同时完成了对村级办公室的提升改造,推动便民服务布局更优化、功能配置更完备、服务更贴心。建立"党支部+合作社+党员+农户"的发展模式,成立党建领导经济专业合作社,着力打造"一村一品、一村一业"的乡村振兴产业发展格局。驻兰陵县南桥镇后疃村第一书记李付永①,带领党员群众真抓实干谋发展、强村安民促振兴,坚持党建引领、设施提升、为民服务的原则,后疃村各项工作取得了扎实进步,他坚持办实事解难题,在"民生"上下足功夫,在驻村一年多来,累计争取协调各类资金300余万元,建设了村民生活污水管网与处理站一处;在村内主要道路安装太阳能路灯100余盏,购进国槐200余棵、冬青200余棵、红叶石楠1万余株,对省道沿线进行绿化提升、安装绿化栅栏,村庄道路环境得到明显改善。李付永驻村期间,走访慰问老党员、困难党员群众200余人次,召开村民代表大会十余次,深入了解、解决了一大批群众生产生活方面的急难愁盼问题;开展"好媳妇、好婆婆、文明家庭"等评选活动,进行普法宣传、召开村情座谈会,通过座谈议事、矛盾调解、榜样引领等方式倡树优秀家风、乡风;成立了"三支"志愿者服务队,长期开展各类志愿服务活动,发动村民开展人居环境整治工作,同时,为了丰富村民农闲时的文娱生活,他还积极组织柳琴

---

① 邵琳.寻找最美第一书记|克长红:用心用情用力书写好驻村故事[N].沂蒙晚报,2023-05-17(09).

戏等特色文化演出。2022 年,后疃村被评为市级卫生村庄。

而投身军营的沂蒙青年,始终坚定精忠报国、建功立业的雄心伟志,涌现出了"大学生士兵"公举东、"三次走过阅兵场"的李沅泽、为营救战友壮烈牺牲的沂蒙子弟兵王成龙、荣获"利箭标兵"称号的沂南籍士兵王维政和刘军福、以生命保卫使馆安全英勇牺牲的张楠、荣立二等功的临沭籍优秀子弟兵张瑞永和于涛等英模人物,在这些优秀的"沂蒙兵"身上,沂蒙精神得到了发扬和传承。新中国成立以来,临沂市先后有 40 多万名优秀儿女走进军营,投身国防建设。

在临沂,还有一群来自不同行业、甘于奉献的无偿献血青年志愿者群体。这支青年队伍如今已发展到 100 余万人,他们中临沂市首位献血状元平邑县归来庄金矿职工曾凡武,首位获国家表彰的献血者张心慧,机采血小板 43 次、累计献血 38760 毫升的临沂市胸科医院的主治医师王子瑞,全市首例大学生造血干细胞捐献者张广蒙,带着怀孕五个月的妻子到济南,把自己捐献造血干细胞作为"给孩子最好的胎教"的马玉奇等,他们以实际行动,为社会汇聚起源源不断的正能量。

在沂蒙地区,一代又一代青年人,以无愧于党和人民的忠心赤诚,担负起时代使命,彰显着青春力量,为党和国家、家乡和人民做出了巨大贡献,在新时代同心共筑中国梦的历程中,成长为一支英勇顽强、积极进取的英雄队伍,他们坚持不懈为民办实事、做好事,推动了沂蒙地区经济的快速发展,人民群众全面奔小康梦想的成功实现。

第四章

弘扬沂蒙精神与当代青年的理想使命

在长期社会发展中，经过不断探索深化，沂蒙精神逐渐凝练为"党群同心、军民情深、水乳交融、生死与共"十六字的科学内涵，并与延安精神、井冈山精神、西柏坡精神一样，成为党和国家的宝贵精神财富。无论是革命战争年代，还是和平发展时期，沂蒙精神与青年群体的理想使命均以马克思主义思想为指导，在发展历程中呈现出同根同向的特点，沂蒙精神内涵中所蕴含的优秀品质，始终是不同时代青年群体理想建构的精神支撑，也是培养和塑构当代青年社会主义核心价值观的力量源泉与信仰保证，厘清二者之间独特而紧密的关系，对于实现伟大复兴中国梦具有重要意义。

第一节　沂蒙精神
是当代青年理想实现的动力支持

中国梦的提出为当代青年成长成才指明了前进的方向。作为实现中国梦的一支重要力量，青年群体需要将个人梦想融入时代所赋予的责任使命中，以青年梦构筑中国梦，以青春力量推动中国梦，为国家和民族复兴做出贡献。而在青年群体为实现中国梦不懈奋斗的过程中，历久弥新的沂蒙精神，以顺应时代发展、表征社会主流意识形态的巨大力量，为当代青年的理想实现提供了坚定的精神支撑，并不断影响和推动着社会主义核心价值观对当代青年的思想塑构。

一、精神支撑

习近平同志指出："立足新时代新征程，中国青年的奋斗目标和前行方向归结到一点，就是坚定不移听党话、跟党走，努力成长为堪当民族复兴重任的时代新人。"从战火硝烟时代一路披荆斩棘发展到今天的沂蒙精神，其从诞生之日起就以血浓于水的党群关系建设，成为听党话和跟党走的典型代表，其丰富的党群合作经验、强大的党群合作感召力，为新时代青年密切个人与党之间的关系，坚定党的领导，树立为中华民族伟大复兴而奋斗的理想信念，勇敢担负时代所赋予青年一代的历史使命，提供了有力的精神支撑。

在革命战争年代，沂蒙党政军民水乳交融、生死与共铸就的伟大精神，从产生到发展壮大的全部过程，始终体现着中国共产党坚持"一切为了人民，一切依靠人民"的群众路线，体现着中国共产党人全心全意为人民服务的宗旨。习近平同志指出："人民立场是中国共产党的根本政治立场，是马克思主义政党区别于其他政党的显著标志。"沂蒙精神的形成与发展，不仅是山东党政军青年力量和人民群众血浓于水、齐心奋战的真实见证，更是中国共产党领导沂蒙人民取得革命胜利的伟大实践。

在烈火硝烟的革命战争中，在国仇家恨的苦难岁月里，沂蒙地区军阀混战、土匪横行、自然灾害多发，外国势力和封建地主阶级对百姓残酷剥削，人民生活在水深火热中，直到中国共产党来到沂蒙大地，仿佛一盏明灯，给多灾多难的沂蒙人民照亮了前进的道路，从此沂蒙人民有了主心骨和领路人。党把沂蒙人民当亲人，让人民群众当家作主有尊严，分田分地有保障，并且积极带领沂蒙百姓进行先进文化建设，宣传马克思主义思想和党的方针政策，组织各种形式的学习运动，成立识字班，帮助沂蒙青年，特别是受封建思想压迫更为深重的青年女性获得做人的尊严与地位。这些举措有效改善了沂蒙人民的物质生活水平，丰富了沂蒙人民的文化生活，提高了沂蒙人民的思想觉悟，调动起了沂蒙人民勇敢反抗侵略者、全心全意干革命的积极性。人民群众深刻认识到："中国共产党是他们根本利益的忠实代表，只有中国共产党才能使他们翻身解放做主人，过上幸福生活，他们才对党高度信任，把自己的全部希望自然地寄托在了中国共产党身上。"①

七七事变后,当国家利益和人民生命财产受到威胁时,沂蒙地区党组织迅速发动进步青年和地方群众,积极开展抗日救亡运动。在与敌人的斗争中,党领导下的人民军队面对危险,始终冲锋在前、视死如归。在这种革命精神的感召下,在与党并肩战斗的过程中,勤劳质朴、勇敢善良的沂蒙人民越来越深切地感受到中国共产党是全心全意为人民谋利益的党,他们认定共产党是自己人,八路军是自己的军队,于是以心换心,越发感激和拥护中国共产党的领导,坚定了跟党走的决心和信心,增强了跟着党谋求民族解放和个人自由的革命热情。沂蒙青年群体更是备受鼓舞,在党的领导下,坚定了参军参战、保家卫国的决心和不怕牺牲、坚决抗击侵略者的信心。党给人民以愿景,人民相信党,紧跟党,成为党的组成部分,自觉践行党的群众路线,履行党的义务,实现党的奋斗目标。党对于人民群众的尊重与人民群众对于党的信任的统一,通过党组织的发展使党群关系融洽,党的初心和使命也就有了实现的可能和保障。沂蒙地区早期党组织它的发展正是在党群关系的互动过程中,党的理想信念不断感染、影响、引领沂蒙人民,沂蒙人民开始自觉地同情、信任中国共产党,到加入中国共产党,为着共同目标而结合成"命运共同体"②。

1938年2月,日本侵略者进入沂蒙地区,他们烧杀抢掠、无恶不作,制造的有记载的屠杀惨案就有200余次。1938年5月,毛泽东同志作出"派兵去山东"的重要决策,党中央三次从延安派干部到山东,领导沂蒙人民开辟沂蒙山抗日根据地,极大增强了山东对敌斗争的

---

① 安盈洁.沂蒙精神及其时代价值研究[D].兰州:西北民族大学,2014:27.
② 李浩源.沂蒙精神形成基础研究[D].曲阜:曲阜师范大学,2019:33-35.

力量。1938年底,党中央正式派遣八路军主力部队——五师进入山东,来到沂蒙,大力巩固华北,发展华中,开辟创建沂蒙山抗日根据地,军民合力建立抗日民主政权,开辟敌后战场。八路军——五师和八路军山东纵队就像两只拳头,合力一处,在徐向前、罗荣桓等我党高级将领的率领下,在沂蒙人民的无私支援下,战胜各种困难,积极打击敌人,历经浴血奋战,粉碎了日军的扫荡,夺取了抗战的胜利,沂蒙根据地也不断发展和壮大。1937—1938年,面对敌人的侵略暴行,中共沂水临时县委、中共鲁南中心县委、中共临(沂)、郯(城)、费(县)、峄(县)四县边联县委等沂蒙地区党组织纷纷成立,他们和当地进步青年力量一起,根据上级要求,在沂蒙地区领导人民群众组建抗日队伍、发动武装起义。1938年5月,临郯青年抗日义勇队成立,不久以后,这支年轻的队伍就以英勇顽强的对敌作战表现编入鲁南人民抗日义勇第一总队。1938年11月,鲁南人民抗日义勇第一总队在这支青年革命队伍的基础上,组建为八路军山东第四支队临郯独立团。这一时期,莒县、兰陵、沂水、蒙阴等地也先后组织起了莒县民众抗敌自卫团、兰陵国民抗日义勇军、沂水县抗日志愿军等青年抗日武装力量。面对沂蒙青年坚决对敌抗战、保家卫国的英勇表现,同时根据抗日形势变化,1938年12月,八路军山东纵队在沂水县王庄成立,自此沂蒙地区抗日武装力量全部由其统一指挥,沂蒙地区抗日战争向更加有序和深入的方向推进。八路军山东纵队对山东各地党组织领导的各抗日武装进行了统编,八路军山东人民抗日游击队第二、第三、第四、第五、第九、第十二支队改称八路军山东纵队第二、第三、第四、第五、第九、第十二支队,山东西区人民抗敌自卫团改称八路军山东纵队第六支队,鲁南游击第八支队改称八路军山东纵队第八支队,鲁南人民抗日义勇第二总队改称八路军山东纵队挺进支队,八路军津浦支队第一营、第八支队特务大队、沂蒙独立团合编为八路军山东纵队特务团,八路军临郯独立团改称八路军山东纵队独立团,陇海支队、鲁南人民抗日义勇第一总队番号照旧。活动于沂蒙山区的主要是八路军山东纵队第二支队、第四支队、第八支队、第九支队、第十二支队、挺进支队以及特务团、独立团等。八路军山东纵队的成立,标志着山东人民抗日武装由若干分散的游击队成为在战略上统一指挥的游击兵团。八路军山东纵队一方面指挥部队配合地方党政机关发动组织群众,发展地方武装,建立抗日民主政权;一方面开展游击战争,打击日伪军。八路军一一五师挺进山东后,八路军山东纵队与一一五师共同肩负起开辟山东抗日根据地的重任,对山东抗日根据地的发展与巩固发挥了重要作用。八路军山东纵队的成立,使分散的抗日武装有了统一的指挥和部署,给日军以精准的打击,同时也保障了地方政权的建立,保证了沂蒙人民的权利的发挥,使党的政策得以完全贯彻。抗战胜利后,国民党反动派再次发动内战,对山东实施重点进攻,党领导沂蒙人民勇敢抗击反动力量,取得了鲁南战役、莱芜战役、孟良崮战役、泰蒙战役等重大胜利,粉碎了国民党反动派荼毒民生的阴谋诡计。特别是在孟良崮战役中,人民军队全歼国民党精编第七十四师,沉重打击了国民党反动派的嚣张气焰,扭转了山东乃至全国的战局,拉开了解放全中国的序幕。

在革命战争中,沂蒙早期党组织从建立之初就不断经历与敌斗争、敌人破坏和继续重建等挫折与困难,他们始终坚定地高举真理火种,全心全意深入到人民中间,积极鼓励群众为争取个人权益而斗争。他们不惧牺牲,积极带领人民发动武装暴动,和人民坚定地站在一起,以并肩战斗、齐心抗敌的豪情壮志和英勇战绩铸就的"党群同心、军民情深、水乳交融、生死与共"的沂蒙精神,使青年坚定了坚决听党话、坚定跟党走的信念,鼓舞了青年为国家和人民利益勇敢奋斗的精神,也成为后世青年树立远大理想、实现人生价值的重要精神支撑。

在社会主义建设时期,沂蒙青年在党的领导下,带着对社会主义新生活的美好向往和为社会主义事业积极贡献力量的坚定信念,继续保持革命战争年代听党话、跟党走的态度,鼓足干劲、拼搏进取、不怕困难、艰苦创业,涌现出了许许多多青年模范人物。这一时期,沂蒙青年共产党员在艰苦条件下,带领人民群众战天斗地进行社会主义建设的英雄事迹,更是铸就了闻名全国的厉家寨精神。1953 年,沂蒙地区经济社会发展逐渐步入正轨,更多的青年共产党员带领沂蒙人民继续掀起合作化运动高潮,他们整山治岭、修建水库、治理涝洼、南稻北移、植树造林,谱写了沂蒙地区社会主义建设史上的光辉篇章,沂蒙大地一跃成为闻名全国的农业先进区,沂蒙人民也被赞誉为"社会主义时代的新愚公"。20 世纪 50 年代,毛泽东同志曾对莒南县厉家寨、高家柳沟村和王家坊前村治山治水整地致富的成就,分别给予批示,极大鼓舞了沂蒙人民建设社会主义的雄心伟志,以青年共产党员为先锋,勇扛红旗、自力更生、艰苦奋斗的厉家寨精神,更是成为这一时期沂蒙精神的主要质素。在改革开放和中国特色社会主义新时代,中国共产党继续带领沂蒙人民奋发图强、干事创业,把主要财力物力均用在民生建设上,最大限度地为沂蒙老区人民谋福祉,建立健全社会保障保体系,实现基础医疗等基本保障全覆盖;加大基础建设的投资,实现基本的生活配套设施全覆盖,努力提高人民的生活质量;创新管理理念,改革管理体制,使社会管理制度化、规范化。

沂蒙地区政治稳定、经济繁荣、社会事业蓬勃发展,人民群众安居乐业,呈现出欣欣向荣的景象。为人民群众谋利益和幸福,是中国共产党人的庄严承诺,也是一切共产主义者为之奋斗的初心。中国共产党人的初心使命,就是对人民始终怀有的赤子之心和坚定地为人民群众谋利益的决心。沂蒙党组织根据不同历史时期革命形式的变化与任务要求,始终保持为人民谋利益和为民族谋复兴的初心,使党成为理想坚定、方向明确、作风优良和团结奋进的先锋队。党和人民群众之间也日益发展成为血肉相连、生死与共的关系,党成为人民群众永远坚定的靠山与旗帜。因此,大力弘扬以人民性为主体的沂蒙精神,对于密切党和青年群体之间的关系,深入落实党的群众观,开创中国特色社会主义事业新局面具有十分重要的意义。2013年11月,习近平同志在临沂华东革命烈士陵园参观沂蒙精神展时指出:“我们的革命政权来之不易,主要是党和人民水乳交融、心心相印,党把人民利益放在第一位,为人民谋解放而领导人民展开革命斗争;人民群众真正跟党走,相信我们的党,在党的领导下为人民解放事业无私奉献,可歌可泣啊!”①

无论是在社会主义建设时期,还是在开拓进取的改革开放时期,抑或是在勇于奋进、凝心聚力实现伟大复兴中国梦的社会主义新时代,沂蒙人民都坚定不移地将沂蒙精神融入时代发展,使其内涵不断走向丰富和深化,在“大美新”临沂建设中永远萌发着勃勃生机与活力。中国共产党一切依靠人民,一切为了人民,一切从人民出发,始终以人民群众的利益为先导,以人民群众的希望为奋斗方向,坚持群

---

① 周忠高,陈伟.沂蒙精神的科学内涵与传承发扬研究[J].理论学刊,2021(6):23-31.

第四章 弘扬沂蒙精神与当代青年的理想使命

众路线,引领亿万群众共同完成民族独立、国家的富强、人民幸福的宏伟目标。因此,沂蒙人民深信只有跟党走,才能翻身得解放,民族才能得到复兴。正是这种坚定信任党、永远跟党走的思想觉悟,久而久之在一代又一代沂蒙青年心中内化为一种坚定的政治信仰,进而又推动他们积极加入党组织,使党的影响和辐射范围更加宽广,党爱民、民爱党,一种良好和谐的关系循环不息。因此,沂蒙精神作为一种极富地域特质的伟大精神,在中国特色社会主义新时代,对于增强青年群体对党和国家的认同感、归属感和责任感,最大限度地凝聚青年群体的智慧和力量,最大程度地动员青年群体为实现伟大复兴中国梦而贡献力量,具有十分重要的作用。新时代弘扬沂蒙精神,能够使广大青年坚定党的领导,更好地以马克思主义思想武装个人头脑。伟大的沂蒙精神以血与火的铸炼告诉新时代青年,无论社会发展到哪个阶段,只有代表最广大人民群众的根本利益,一个政党才能拥有牢固的群众基础和思想根基,才能在瞬息万变的社会发展浪潮中立于不败之地。沂蒙精神以紧密团结在一起的党群、干群和军民关系,充分体现了党的优良传统和最大的政治优势,对于当代青年坚定党的领导和为国家而奋斗的理想信念提供了有力支持。

二、价值塑构

理想信念是人们对未来的一种向往和追求,是一个人的世界观和政治立场在奋斗目标上的集中体现。习近平同志关于"中国梦"的论述,揭示了"中国梦"与个人理想信念在世界观、人生观和价值观上存在着内在契合性。一方面,"中国梦"体现着中华民族的整体利益,当代青年作为中华民族整体中的一员,其自身命运与中国梦能否实现密切相关。祖国的强大繁荣与安定团结能够为高职生提供了良好的学习环境于发展平台,而当代青年作为"中国梦"的实践主体,其个人梦想的实现也深刻影响着中华民族复兴之梦的实现。青年群体是祖国发展与民族振兴的重要力量,他们的理想信念与政治思想观念密切关联着党的事业和社会主义建设的兴衰成败,因此,必须对青年人进行正确的价值观引导,使他们的理想信念与实现"中国梦"紧密融合,这样才能在中华民族复兴之路上,把实现个人价值与中华民族伟大复兴结合起来,以个人理想的实现推动中国梦的实现。而且,"中国梦"作为中华民族的一种集体理想,与青年人的个人理想在本质上始终是一致的,"中国梦"体现的价值观与青年群体应当具有的价值观之间是深度契合的,只有二者紧密结合在一起,才能使梦想更加坚实,因此,当代青年在为个人梦想奋斗的过程中,既要积极弘扬以爱国主义为核心的民族精神和以改革创新为核心的时代精神,也要自觉践行社会主义核心价值观,增强民族自尊心、自信心和自豪感。沂蒙精神作为一种先进的群体意识和价值追求,其主要源于"我们党对沂蒙革命根据地新生代成长的关注与重视,尤其是对培育和提升当地青年参与革命和建设能力的重视。沂蒙精神所蕴含的注重青年主体性的科学青年观,对于在新时代社会治理体系与治理能力现代化建设过程中充分发挥青年群体的作用,具有指导与借鉴意义。"①作为民族精神的优秀组成部分,沂蒙精神以自身独特深厚的精神内涵,已经成为塑构当代青年社会主义核心价值观的重要推动力。

　　在党的坚定领导和马克思列宁主义、毛泽东思想的坚实哺育下,

---

　　① 魏艳菊.以沂蒙精神引导青年参与社会治理[N].中国社会科学报,2022-7-20(A11).

第四章　弘扬沂蒙精神与当代青年的理想使命

沂蒙精神逐渐形成和发展为一种先进群体意识,从精神本质上来看,其首要特征是"坚定的理想信念、对党的无限忠诚和对党领导下的社会主义事业的无限热爱。这是沂蒙人民崇高政治信仰和火热政治感情的生动反映,是沂蒙精神的核心;从形成基础上看,沂蒙精神根植于民族精神的沃土,无论其理论框架,还是精神实质,都表现出与以爱国主义为核心,以团结统一、爱好和平、勤劳勇敢、自强不息为主要内容的民族精神高度的一致性;从内在品格上看,沂蒙精神虽然具有明显的地域特征,但绝不是一种封闭的、单纯的、地域性的精神文化形态,在本质上体现了与时俱进的开拓进取精神,始终以其开放包容、创新发展的特殊品格,表现出异乎寻常的坚定性;从价值取向上看,沂蒙精神时时处处都体现了沂蒙人民先国家、再集体、后个人,公而忘私、诚实守信、无私奉献的高尚精神境界,生动诠释和践行以'八荣八耻'为核心内容的社会主义荣辱观。"[①]同时,作为一种在长期革命斗争和建设实践中久经铸炼和考验的先进群体精神,沂蒙精神又是一种蕴含优秀革命文化的中华民族精神的组成部分。"它饱含着初心和使命、熔铸信仰和忠诚、凝聚着血泪和真情,是齐鲁红色文化的主体与精髓,是一种流动的、拓展的、深远的先进革命文化,是新时代承载社会主义核心价值观的主流精神文化,是构筑中国精神、中国价值、中国力量、中国气派不可或缺的历史文化资源,是穿越时空、具有磅礴伟力的标志性、引领性红色文化传承。"[②]

20世纪三四十年代,中国共产党领导沂蒙人民进行了艰苦卓绝

---

① 徐东升,汲广运. 沂蒙精神研究[M]. 济南:山东人民出版社,2017:185.

② 韩延明. 撷论沂蒙精神的本源、本质、本色与本分——学习领悟习近平总书记关于沂蒙精神的重要论述[J]. 理论学刊,2019(1):48-55.

的革命斗争,从那时起,沂蒙大地上出现了红嫂精神、支前精神等先进革命精神,不仅为沂蒙精神的形成奠定了内容基础,也包蕴了新时代社会主义核心价值观的内容质素,它们深刻反映了沂蒙地区自然淳朴的民风、忠诚爱国的传统和沂蒙人民追求自由、平等、公正的理想信念。

红嫂精神构筑的大爱与大善价值观。沂蒙红嫂是指中国抗日战争和解放战争时期,支持革命、献身革命、爱党爱军的女性群体。在物质条件极为艰辛、斗争形势极为严酷的战争环境中,她们送子参军、送夫支前,缝军衣、做军鞋、磨米面、烙煎饼、抬担架、推小车,为中国的解放事业付出了巨大牺牲,更做出了不可磨灭的卓越贡献。[①]"蒙山高,沂水长,好红嫂,永难忘"[②],这是国防部原部长迟浩田上将给予沂蒙红嫂的高度赞扬。他深情感念革命战争年代给予人民军队无私帮助的沂蒙红嫂群体,在当年弥漫着战火硝烟的沂蒙地区,这些普普通通的农村妇女,以自己的方式表达了对党和人民军队的忠诚与热爱,她们的英雄事迹至今还在沂蒙大地广为传颂。"蒙山高,沂水长,我为亲人熬鸡汤……"这段来自现代京剧《红嫂》的唱词,曾经风靡全国,妇孺皆知,其歌颂的就是红嫂明德英用乳汁救伤员的真实故事。明德英出身贫寒,两岁时因病不幸致哑,这位饱经生活磨难、终日沉默不语的农村女性,虽然不识字,却明是非、知大义,特别是中国共产党来到沂蒙后,她对共产党员和人民军队不怕牺牲、全心全意为人民谋利益的行动,看在眼里记在心上。1941年冬,驻守在沂南

---

① 中共临沂市委.沂蒙红嫂颂[M].北京:中央文献出版社,2002(1-2).

② 刘彦芝,徐晓丽."红嫂精神"代代传——临沂市妇联文知星幼儿园红色教育特色活动[J].山东教育,2019(9):65.

马牧池村的八路军山东纵队司令部突然被日伪军包围,一名八路军战士在突围过程中不幸受伤,明德英发现后,立即将其救起并成功掩护伤员躲开日军的搜捕,眼看战士失血过多,生命危在旦夕,在当时缺水少食的情况下,正在哺乳期的明德英,毅然挤出乳汁,救活了身负重伤的八路军战士。随后,她和丈夫李开田又倾其所有,照料伤员半个多月,最后成功使其康复归队。明德英临危不惧,用乳汁救护八路军战士的英雄事迹,后来被写入小说《红嫂》,她的故事也随之传遍全国。新中国成立后,明德英先后把儿子、女儿、孙子送入军营参军报国,充分体现了军民情深的沂蒙精神。"红嫂精神不仅以明德英等人乳汁救伤员的革命事迹响彻沂蒙山区,还有为供给八路军粮食,忍痛将自己五岁的小女儿卖掉当童养媳的方兰亭;有为哺育八路军团长陈宏三个月的女儿,而忍痛看着自己孩子因断奶过早而夭折的张志桂;有在国民党反动派残酷的拷打下宁死不屈的女英雄吕宝兰;有'全国女民兵战斗英雄'侍振玉;还有著名的'沂蒙六姐妹'(张玉梅、伊廷珍、杨桂英、伊淑英、冀贞兰、公方莲)舍生忘死救伤员、架人桥;'沂蒙母亲'(王换于、祖秀莲)不遗余力抚养革命后代……她们博大无私的精神传颂了中华大地。在著名的孟良崮战役中,沂蒙六姐妹发动全村男女老幼当向导、送粮草、抬担架、推小车支援前线,组织沂蒙妇女烙煎饼、缝军衣、做军鞋、护理伤员。为节省作战时间、掩护战士们顺利过桥,她们组织32名妇女,拆下自家的七块门板,用瘦弱的肩膀和娇小的身躯扛起一块块木板,无私奉献,不顾生命安危,站在冰冷的河水里搭起了一座坚实稳定的人桥。这一块块不起眼的木板和门板,在她们的肩膀上是坚不可摧的,是革命斗争走向胜利的桥梁。"①"忠诚、博爱、自强、奉献"②是沂蒙红嫂精神的基本内涵,也是沂蒙妇女拥军爱军模范的代称。红嫂精神是沂蒙精神最具象征性的标志,是在革命战争年代沂蒙妇女质朴品质和高尚品德的折射和升华,是一种自觉的优秀高尚的群体意识,是中华民族优良传统的集中体现。她们勤劳勇敢、智慧善良、深明大义、无私奉献,书写了一部部革命烽火时代送子参军、助夫远征、乳汁救军的可歌可泣的"革命斗争篇章"③。1964年,毛泽东同志在观看完京剧《红嫂》后,指出要学习以"红嫂"为代表的"红嫂精神",自此,沂蒙红嫂名扬全国。

支前精神构筑的爱国、拥军价值观。参军支前主要指革命战争时期,沂蒙人民参与革命、支援革命的实际行动,是沂蒙人民坚定听党话和跟党走的直接表达。中国共产党和人民军队真心维护沂蒙百姓的利益,带领人民群众得解放,因此很自然地赢得了沂蒙人民的衷心支持与大力拥护,千千万万沂蒙人民紧跟党和军队的步伐,"一同打鬼子,一同烧炮楼,一同闹减租,一同护秋收,吃的是一锅饭,点的是一灯油",他们砸锅卖铁也要支援前线,以实际行动表达跟党走的坚定信念。为了夺取革命胜利,沂蒙人民积极拥军支前,经常出现"父母送子""妻子送郎""兄弟相争""村干带头"参军的动人场景,涌现出了"一门三英烈"甚至"一门七英烈"的革命家庭④。军爱民、民拥军,善良淳朴的沂蒙人民坚定不移地"跟着共产党走",用大爱、

---

① 安盈洁.沂蒙精神及其时代价值研究[D].兰州:西北民族大学,2014:16.
② 徐厚升.沂蒙"红嫂"精神对当代女大学生理想人格构建的研究[J].女报,2023(2):7-10.
③ 安盈洁.沂蒙精神及其时代价值研究[D].兰州:西北民族大学,2014:16.
④ 田中琰,李亮亭."一门三烈"刘永良[J].山东支部生活,2020(7):53-55.

大义之举,诠释了对党和人民军队的无限忠诚。他们踊跃参军,为中国革命奉献新生力和战斗力,他们拥军支前为中国革命奉献财物力和劳动力。在战火硝烟中,沂蒙人民喊出"一切为了战争胜利"的响亮口号,节衣缩食、含辛茹苦,甚至不惜破产毁家,支援前线。"最后一碗米,送去做军粮;最后一块布,送去做军装;最后一个儿子,送去上战场。"孟良崮战役期间,蒙阴人民扒掉刚苫的屋草、割了刚扬花的小麦给部队喂马;淮海战役期间,为了保障解放军衣食住行,"大军连营七百里,村村灯火到天明"。解放战争中,平邑一区担架队转战南北,舍生忘死救伤员,天冷时许多民工把自己的被子、狗皮垫在伤员身下,把棉衣盖在伤员身上。不少民工还用嘴给伤员吸痰,用自己吃饭的小瓢给伤员接屎接尿。担架队获得"陈毅担架队"光荣称号。为抢运军粮,莒沂县 400 辆小车运送 11 万斤面粉,一路追赶部队,行程2000 多里。他们自带的干粮吃完了,宁愿挨饿,也绝不动一粒军粮。来自鲁中南地区的支前模范齐成功,在给部队送军粮途中,村里来信告诉他父亲病故,首长让他回家料理丧事,可他擦着眼泪表示,不完成支前任务决不回家,从背干粮的包袱上撕下一条白布缠在头上,算是给父亲戴孝了。这些都是临沂人民支援革命战争的真实写照。"淮海战役刚刚拉开序幕,沂蒙山区当时仅 600 万人口就出动了常备随军民工 34 万余人,临时民工 140 余万人,11 万余辆小推车日夜兼程将后方妇女们昼夜加工而成的 1.4 亿公斤粮食、35 万公斤食油、43万公斤猪肉、36 万公斤咸盐、数 10 万斤马料、百余万双军鞋等物资源源不断地送往前线。抗日战争和解放战争期间,沂蒙地区曾发生过大大小小的战斗有 4000 余次,在沂蒙英勇就义牺牲的革命战士就有6 万多名,而其中就有近 3.1 万名英烈是临沂籍的沂蒙人。在解放战争中,沂蒙人民倾其所有,在所不惜,破家支前。为了夺取孟良崮战役的胜利,世世代代'以食为天'的蒙阴人民毅然决然地割下秀了穗的小麦,扒掉了新房上的屋草,提供了数十万斤的马料。仅解放战争时期,全区460万人口就有120万人支前参战,有31000多名沂蒙儿女献出了自己宝贵的生命。支前精神是沂蒙精神的精髓,是沂蒙人民不畏艰难、不怕牺牲、无私奉献品质的精华。"[1]特别是在解放战争三大战役规模最大的淮海战役中,勇敢忠诚的沂蒙人民用一辆辆小推车,及时有力地保障了我军作战时的各种物资需求,为战争胜利提供了牢固的后勤储备。正如陈毅元帅在总结淮海战役时饱含深情地感慨道:"淮海战役的胜利是人民群众用小推车推出来的。""我进了棺材也忘不了沂蒙山人,他们用小米供养了革命用小车把革命推过了长江。"沂蒙儿女不畏艰难、不怕牺牲,用沂蒙山区朴实无华的小推车推开了革命胜利的道路,小推车精神也是沂蒙人民忠信、爱国精神的缩影。

在社会主义建设时期,以中国革命精神为基本特征的沂蒙精神,更是不断创新与发展,成为中国革命精神的时代延伸和良好补充。"沂蒙精神经过了长期革命实践的检验,在不断完善与提升的基础上,形成了鲜明的政治价值取向和意识形态特点。其服务大局的意识和无私奉献的价值观,都表明了沂蒙精神对于共产主义的执着追求。其所倡导的吃苦耐劳、自强不息等精神品质也体现出中国共产党人独立自主、艰苦奋斗的精神本质。"[2]

厉家寨精神构筑的富强、敬业价值观。20世纪50年代初,厉家

① 安盈洁.沂蒙精神及其时代价值研究[D].兰州:西北民族大学,2014:17.
② 安盈洁.沂蒙精神及其时代价值研究[D].兰州:西北民族大学,2014:27.

寨 6000 多亩可耕地被山岭、河沟分割得零零碎碎,有的十几块地才能凑成一亩。加上水土流失严重,粮食产量很低。从 1951 年开始,厉家寨人民掀起战天斗地、整山治水热潮,经过几年拼搏,"到 1964年,先后治理 3310 多座个山头,改造 300 多万亩贫瘠丘田,植树造林 200 多万亩,兴建大中型水、30 多座、小型水库 2433 座,修筑塘坝 15603 座,修建引水工程、排灌建筑物 9000 多处,建成水渠 3135 公里,有效灌溉面积达到 235 万亩,控制水土流失面积 7646.7 平方公里,水稻种植面积达多 90 多万亩。"① 毛泽东同志对厉家寨人民群众不畏艰难、治山治水整地致富精神给予充分肯定,作出"愚公移山,改造中国,厉家寨是一个好例"的批示,极大鼓舞了沂蒙人民大规模的治山治水整地运动。1958—1960 年,临沂全区 200 万人顶风冒雪,餐风露宿,相继修建了岸堤、跋山等近百座大、中、小型水库及大批塘坝。社会主义建设时期修建这些大大小小库坝工程,当时面临的重重困难今天我们无法想象,特别是在资金方面,基本上靠自力更生。据统计,1958年修建的许家崖、小仕阳、日照、陡山、唐村、会宝岭六大水库实际投资 5206.8 万元,区、村和老百姓投资占到 81.5%,而省、地和国家投资只占 18.5%,水泥、炸药、木材等 70% 依靠基层和群众解决,每年几十万的劳动力全部是义务工。当时有一首赞歌唱道:"沂蒙人民力胜天,挥戈劈岭改河山。万年蛟龙今锁住,人民欢乐尽开颜。""从此,'愚公移山,改造中国',成为全国人民能动地改造恶劣自然环境的座右铭,厉家寨精神也因此传颂到祖国的每一个角落。"②

改革开放时期,临沂地区各级党组织带领人民向贫困开战的同

---

① 临沂市地方志办公室.蒙山志[M].济南:齐鲁书社,1999:121-125.
② 安盈洁.沂蒙精神及其时代价值研究[D].兰州:西北民族大学,2014:19.

时,迎着改革开放的春风,勇于踏进市场经济的大潮。这一时期沂蒙精神以"九间棚精神""沈泉庄精神"和"兰田商城精神"为代表,它们构筑的富强、文明、公正、法治、敬业、诚信等价值观,直至今天仍然鼓舞着沂蒙人民奋勇前进。1984年底,年轻的共产党员刘加坤担任九间棚村党支部书记,他不畏艰难、勇挑重担,团结带领村子里的九名共产党员和全体村民大干苦干七年,在山上修路架电、植树造林,并将卧龙泉水引到了山上,实现了"盘盘山路在山涧、家家户户有水电"的目标,使这个贫瘠的山村走上了脱贫致富的道路,并一举成为新时期全国农业战线艰苦创业的先进典型和改革开放新时期的一面鲜艳旗帜。[①] 临沂市罗庄区沈泉庄,长期以来都是罗庄镇经济发展十分贫困的乡村。1989年底,原村支部书记王王廷江个人致富不忘家乡父老共同致富,毅然将个人企业捐献给村里,带领群众大力发展村办工业,对村庄统一规划,用个人资产补助村民收入,三年内实现了村庄农业机械化、水利化、良种化,村民住宅多数达到楼房化,工业产值过亿,并将村子发展成为江北陶瓷第一村。1992年7月,江泽民同志到临沂地区视察工作,王廷江汇报了沈泉庄的事迹,由此他带领沈泉庄村民一心一意谋发展,共同致富,走向世界的先进事迹广为流传。1995年11月,民政部授予沈泉庄"全国模范村民委员会"称号。沈泉庄开拓奋斗、大胆创业、敢为人先、饮水思源的精神也传遍全国。20世纪80年代,青年企业家王士岭带领沂蒙人民率先建起了大型专业批发市场,成立了兰山集团。2007年临沂批发城上市商品达到3万多种,成交额510.75亿元,稳居全国前三位,兰田商城成为临沂地

---

① 安盈洁.沂蒙精神及其时代价值研究[D].兰州:西北民族大学,2014:20.

区经济发展的主力军,兰田商城精神也由此孕育而生。兰田商城以门类齐全,产品俱全,质量上乘,价格低廉、物流迅速而闻名于国内。根据临沂市委、市政府"建设临沂国际商贸城,打造市场发展新优势"的规划思路,山东兰田集团继续开拓进取,领导集团奏响了走向商城国际化的号角。"2012 年建设临沂港工程,拼箱出口不再转道义乌的第一票报关单,这让兰田商城站在了新的起跑线上,标志着兰田商城国际化迈出了突破性的一步。之后,兰田商城抓紧发展时机,与贸促会合作成立中国(临沂)跨国采购中心,法国、台湾等多家国际知名品牌企业成功入驻,从'买全国卖全国'走向'买全球卖全球',全方位打造实力派、国际化经济战略的先锋队。2013 年,在临沂市推进商城国际化过程中,兰田集先行先试搭起外贸平台和国际网站平台,吸引外商,仅一年时间,就创造了近 600 万美元的交易额。兰田商城的经验和成绩让兰田商城精神成为我国企业管理的先进理念。兰田商城精神是临沂人在秉承沂蒙精神艰苦创业、开拓进取、与时俱进的品格下,依托党和国、家的政策,与时俱进,根据国内外市场需求,分析市场发展潜力,开拓创业,务实团结的先进意识形态。"①

党的十八大以来,中国特色社会主义进入新时代,沂蒙大地不断涌现践行沂蒙精神的先锋模范人物。时代楷模赵志全以对党忠诚、对民尽责和无私奉献的精神,铸就的"献身改革、造福社会"的新一代企业家精神,充分体现了爱国、敬业、诚信的价值观念。鲁南制药集团脱胎于山东临沂郯南制药厂。1987 年,临沂地区落实承包经营责任制和厂长负责制改革。药厂因经营不景气、改革成本低便被选为

---

① 安盈洁. 沂蒙精神及其时代价值研究[D]. 兰州:西北民族大学,2014:21.

试点企业。经过竞标,31 岁的赵志全成为承包人,当时药厂利润近乎为零,账面资产仅为 19 万元,库存原料只能维持 3 天生产。上任之初,赵志全力推人事制度、劳动制度、分配制度等改革。与科研院所合作的中药饮剂,因疗效过硬、行销对路,成为拳头产品,最终提前一年超额实现承包目标。2002 年,在赵志全带领下,鲁南制药集团自筹资金 60 亿元,在荒山上建起生物制药园区,就在这一年,赵志全被确诊为胸腺癌晚期,之后的 12 年,罹患癌症的赵志全工作强度一如往常,直到逝世后,人们才知晓他的病情。赵志全一生致力于振兴民族医药,改革创新,清清白白,克己奉公。在生命的最后 12 年里,他忍受着癌症的折磨,带领企业高速高质发展,如今赵志全同志纪念馆已经成为山东沂蒙党性教育基地现场教学点,鲁南制药集团也仍然在他规划的方向上前进,利税以每年 20% 以上的速度稳定增长,2014 年纳税 7.9 亿元,2017 年纳税达 14.1 亿元,成为沂蒙老区改革创新健康发展的领头羊。

在党的十八大报告中,习近平同志指出要积极倡导富强、民主、文明、和谐,倡导自由、平等、公正、法治,倡导爱国、敬业、诚信、友善,积极培育和践行社会主义核心价值观。对于当代青年来说,我国自改革开放以来,随着西方文化思潮的大量涌入,社会主流价值观念就受到很大冲击,特别是 20 世纪 90 年代以来,改革开放政策纵深推进,西方消费主义文化顺势进入中国,加之我国经济转型①带来的市

---

① 1993 年 11 月 11 日—14 日,中国共产党第十四届中央委员会第三次全体会议通过了《中共中央关于建立社会主义市场经济体制若干问题的决定》,开始积极探索和建设社会主义市场经济体制。通常媒介中所言“90 年代中国经济转型”即来源于此。中国共产党第十四届中央委员会第三次全体会议通过. 中共中央关于建立社会主义市场经济体制若干问题的决定[M]. 北京:人民出版社,1993.

场高度繁荣和物质资料的极大丰富,催生了一部分先富者和暴富者,他们拥有雄厚的金钱财富,很自然地将"消费"视为建构个人身份、彰显自身品位的捷径,常常通过病态般地追逐与衣食住行相关的各种"时尚",达到个人享乐和过上"高档"生活的目的,社会上出现的这种功利性和实用化价值取向,严重影响了当代青年的价值追求和理想目标,对我国社会主义主流文化价值也造成了很大冲击。在这一社会背景下,以"党群同心、军民情深、水乳交融、生死与共"为内涵的沂蒙精神,对于青年群体的价值塑构,便表现出十分重要的价值引导和塑构作用,它启迪每一位青年,"在当前建设有中国特色的社会主义的过程中,在改革创新的过程中,必须坚持中国共产党的领导,必须全身心地热爱我们的党、热爱我们的军队,否则,我们的社会主义建设,我们的改革创新就会迷失方向,就会走上歧途。"①

第二节 沂蒙精神
是当代青年担当使命的思想保障

2013年,针对新时代青年应当担负的理想使命,习近平同志指出:"每一代青年都有自己的际遇和机缘,都要在自己所处的时代条

---

① 徐东升,汲广运.沂蒙精神研究[M].济南:山东人民出版社,2017:268.

件下谋划人生、创造历史。"①如何更好地实现新时代中国发展之梦、中华民族崛起之梦和人民幸福之梦，既是当代青年成长成才之梦，也是青年群体需要担负的理想使命。中国共产党人将马克思主义与中国革命实际相结合，在沂蒙地区进行实践探索过程中逐渐形成的沂蒙精神，被认为"是中国共产党培育和升华的伟大精神，是践行群众路线的伟大精神，更是中华民族的伟大精神。"②随着其内涵的发展，沂蒙精神的本质、价值与意义越发突出地反映了中华民族的优良传统、个性特点以及对于时代发展的重要意义，与当代青年追求民族振兴、国家富强和人民幸福的责任使命具有同源共生的特点，是当代青年坚定理想信仰，将个人梦想融入国家梦想，为中华民族伟大复兴努力奋斗的思想保障。

一、同源共生

马克思主义认为，人民创造自己的历史，但是他们并非随心所欲地创造，也不是在既定条件下创造，而是在直接经历的、既定的、从过去传续下来的条件中创造。任何时代的文明也都不是凭空产生的，都是在继承已有文化与文明成果的基础上进一步发展创造而来的。因此，中国梦也不是孤悬于中国文化传统和社会现实之上的抽象符号，而是连接传统与现实、庙堂与民间，以及中国与世界的共同愿景。

在中华民族伟大复兴中国梦的引领下，不同时代赋予青年群体的责任使命和个人梦想，也从来都不是孤立存在的，而是始终反映中

---

① 习近平. 在同各界优秀青年代表座谈时的讲话[N]. 中国青年报,2013 – 5 – 5 (03).

② 韩延明. 摭论沂蒙精神的本源、本质、本色与本分——学习领悟习近平总书记关于沂蒙精神的重要论述[J]. 理论学刊,2019(1):48 – 55.

华民族的精神世界,传承着华夏大地的优良文化,凝聚着全体中国人民的美好愿景。中华民族精神是由众多的中华儿女用自己的思想和行为塑造和形成的,并在历史的演进中不断得到丰富和发展。中华民族精神也是在一个个特定的区域和环境中逐步孕育、概括、升华出来的,不同区域、不同民族所创造的优秀精神财富。正如钱穆所言:"文化是民族的生命,没有文化,就没有民族。"①青年群体的使命担当不能脱离也无法脱离中华文明传统,一旦青年梦的实践历程脱离民族传统,就会失去赖以生存的根基和力量。近代以来,中华民族前行之路虽然历经坎坷磨难,但中华民族悠久深厚的文化传统并未衰退,中国梦引领下的青年梦,正是基于中华文明的再次复兴而生长起来的理想信念。伟大梦想希冀着一代又一代青年人在为个人理想奋进的过程中,也自觉承担起传续中国传统文化的使命,将当代文化发展作为中国文化发展长河中的新起点,坚定民族文化立场,做中华优秀文明的继承者和传续者。

沂蒙精神的形成与发展,与青年梦一样,也源自伟大的中华民族精神对包括众多青年在内的沂蒙人民的召唤,是在继承中华优秀传统文化基础上生长壮大起来的,并在推动中华文明进程中获得进一步升华,最终使自身成为马克思主义中国化的宝贵精神财富。沂蒙大地钟灵毓秀,中华优秀传统文化积淀深厚。早在远古时期,这块土地上就出现了人类活动,由此开创了辉煌灿烂的沂蒙远古文明。随着社会的发展,这里成为儒家文化的发祥地,其忠孝仁义、仁者爱人、诗书礼乐,不仅整体上塑造了中华文化的灵魂和性格,也使得沂蒙地

---

① 钱穆. 从中国历史来看中国民族性及中国文化[M]. 九州出版社,2011:13.

区近水楼台先得滋养,沂蒙文化资源浸染在儒家文化之中,涌现出了众多文化巨匠和名人志士,如宗圣曾子、书圣王羲之与颜真卿、经学家匡衡、智圣诸葛亮、算圣刘洪、孝圣王祥等,这些名人在沂蒙地区形成丰富的地域文化,同时也是中华整体文化的有机组成部分。革命战争年代,沂蒙这块热土又成为最早传播马克思主义思想的先进之地,这种有利于壮大中国精神生长根基的现代革命文化的传播,为沂蒙精神的形成营造了良好的环境。沂蒙地区较早接受革命火种的洗礼,马克思主义在沂蒙地区的传播和中国共产党早期组织在沂蒙地区的建立,对于沂蒙人民的觉醒和沂蒙精神的生成具有"助产婆"[①]的历史功效。另外,在社会发展的不同历史时期,沂蒙人民始终与时俱进,紧随时代航向,勇做时代弄潮儿,积极进取,开拓创新,在此过程中沂蒙地区不断发展累积起来的时代文化,也推动一代又一代沂蒙人始终坚定地将沂蒙精神发扬光大。从革命到建设再到改革,中国精神不断获得新的内涵和表现形式,沂蒙精神也具有与时俱进的品格,经历了爱党爱军、支援革命,自力更生、艰苦创业,解放思想、改革开放,开拓创新、加快发展的时代变迁,展现出多姿多彩的话语演进脉络。

在建构理想目标的过程中,青年梦与沂蒙精神一样,立足于对中华优秀传统文化与道德理想的传承与发展。"仁、义、礼、智、信与温、良、恭、俭、让是中国传统文化的重要内涵,这也是中华民族千百年来立足世界的标志性文化。沂蒙精神深受传统文化影响,某种意义上讲,沂蒙精神是革命战争年代中国传统文化在沂蒙地区的升华与体

---

① 徐东升.沂蒙精神:涵养中国精神的重要话语资源——写在习近平总书记沂蒙精神重要讲话四周年之际[N].大众日报,2017–11–19(05).

现。也是沂蒙人民理想、价值和信念的追求,因此具有强烈的亲和力、感召力和凝聚力。"①革命战争时期,沂蒙红嫂"乳汁救伤员"的博大仁爱精神,"沂蒙母亲"王换于不惜一切代价养育革命者后代的无私奉献精神,沂蒙人民推着小车奋勇支前的壮观景象,更是中华优秀传统文化的精华。在社会主义建设到改革开放的时期,从厉家寨愚公移山的艰苦奋斗、无私奉献的精神到兰田商城的改革创新、敢为人先,诚实守信的精神,沂蒙精神正是中华优秀传统文化所提倡的重视整体利益和国家民族利益,强调对社会、民族和国家的责任意识和奉献精神的集中体现,表现出沂蒙人民推崇博大的仁爱情怀,言行一致,恪守诚信,把道德理想的实现看作一种高层次的需要,是我国优秀传统文化的集中体现,是对中华优秀传统文化的弘扬和继承。

沂蒙精神的丰富内涵与特质,除了与青年梦在继承并传续中国优秀传统文化方面保持着高度一致的同源性,二者在主流价值方面也具有一脉相承的共同特点,它们都是我国主流价值文化的组成部分,也是以爱国主义为核心的民族精神和以改革开放为核心的时代精神的具体体现。沂蒙精神是沂蒙人民自主自觉的优秀群体意识形态,是对中国共产党的拥护、理想信念的坚守和社会主义核心价值观认同的具体表现。党的十七大指出,要建设社会主义核心价值体系,增强社会主义意识形态的吸引力与凝聚力。社会主义核心价值体系作为兴国之魂,是凝聚民族团结的精神纽带和体现国家意志与民族精神的价值坐标。在沂蒙山区革命与建设过程中形成的沂蒙精神,作为党和国家的宝贵精神财富,充分体现了以爱国主义为核心的民

① 徐东升,汲广运.沂蒙精神研究[M].济南:山东人民出版社,2017:274.

族精神和以改革开放为核心的时代精神,早已内化为沂蒙人民的价值追求和自觉行动,在全国树立起了一座座道德丰碑。改革开放时期,沂蒙人民继续艰苦奋进、开拓创业,涌现出了一批又一批与时俱进、改革创新、无私奉献的优秀时代精神。党的十八大凝练概括了我国社会主义核心价值观:"富强、民主、文明、和谐,自由、平等、公正、法治,爱国、敬业、诚信、友善",在此意义上来说,一方面,沂蒙精神与我国主流文化一样,注重价值观的认知认同,要求内化于心、外化于行,达到自觉的知行合一。沂蒙精神与我国主流价值文化同样能够在人民中产生共鸣,在精神上聚集价值,在思想上形成共识,在行动上达到统一,是沂蒙人民乃至全国人民思想的指引、精神的追求、价值的坐标。另一方面,沂蒙精神所包涵的自力更生、艰苦奋斗、无私奉献的优良品质是中华优秀传统文化的重要组成部分,与我国优秀传统文化本质一致,是中国优秀传统文化的杰出代表和集中体现,是我国主流价值文化的重要组成部分。革命战争时期,沂蒙地区曾发生大大小小的战斗四千余次。沂蒙革命根据地400余万人口中,有120万人拥军支前,20余万名青年参军参战,10余万人血染疆场。诞生于血与火的洗礼中的沂蒙精神,写满了无尽的壮烈与光荣。只要人民还在这块土地上繁衍生息,沂蒙精神就永远不会消逝,其内涵与影响也会随着时代的变化不断丰富和深化,历经时间考验的沂蒙精神早已成为时代青年成长成才的宝贵精神财富,在青年群体为理想奋斗的过程中发挥着重要的推动作用,成为当代青年勇担时代使命的力量源泉。沂蒙精神凝结了沂蒙地区包括青年在内的人民群体创造出来的最崇高的精神品格,是沂蒙地区先进生产力、先进文化和人民群众根本利益的集中代表,其内核要素中始终蕴含着沂蒙青年群

第四章 弘扬沂蒙精神与当代青年的理想使命

137

体自强不息、厚德载物、和谐相处、追求美好的高尚心灵与完美德行的芬芳,这也是沂蒙精神在今天仍具有强烈亲和力、感召力和凝聚力的根源所在。

沂蒙精神集中彰显了民族精神,不仅坚持了爱国主义这一核心,也融入了时代发展的要求,与青年梦一样,是坚持社会主义共同理想和共产主义坚定信念的集中体现。另外,沂蒙精神的产生是基于革命战争年代中国共产党人对于革命实践的不断总结,精心培育而成的一种全新的革命精神。作为一种社会意识形态,沂蒙精神的形成不仅以现实为依据,也以历史传统为基础。沂蒙精神是在充分继承和发扬中华优秀传统文化的基础上,通过革命实践的不断检验,逐步完善、提升而形成的。在社会主义革命和建设时期,沂蒙精神表现出了强大的思想力量和无穷的价值魅力,是沂蒙人民爱国主义、民族精神的历史沉淀在当今时代的集中展现。沂蒙地区在社会主义革命建设等各个时期都涌现出了一大批具有强烈爱国情怀的仁人志士,正是他们以各自独有的方式谱写了中华民族爱国主义的华美篇章。沂蒙精神正是在一代又一代沂蒙人民艰苦奋斗、自强不息的革命和生产生活实践中被广泛继承和不断发展。沂蒙人民的奋斗史也可以说是为祖国艰苦创业、无私奉献的历史,在漫长的革命和建设实践中,前赴后继的沂蒙人时刻不忘沂蒙精神,代代践行沂蒙精神。由此,沂蒙精神才可能以不断丰富和发展着的中华民族之精神宝库,不断推陈出新,与时俱进。① 同时,沂蒙精神是地域经济稳定发展的思想基础,其不仅是中国共产党领导人民建设社会主义的主流文化意识形

---

① 李洁. 沂蒙精神及其当代价值[D]. 北京:首都师范大学,2014:16.

态,也是重要的文化资源、经济资源,是沂蒙地区乃至山东半岛区域经济得以稳定健康发展的重要引擎。沂蒙青年正是秉承了沂蒙精神,在改革开放大潮下,自力更生、艰苦奋斗、与时俱进、敢为人先,成功抓住了经济发展的契机,从建设初期的贫困山区一跃成为经济强大的商贸名城,实现了地区经济的成功转型和历史性的跨越,成为全国众多革命老区中经济发展的佼佼者,是全国革命老区需借鉴学习的榜样。这些品质既是中华民族的优良传统,又是沂蒙精神的重要内容。在全面建成小康社会的新历史任务面前,我们需要将沂蒙精神和时代精神紧密结合起来,赋予其全新的时代内涵和历史使命,使其能够顺利融入中华民族的精神长河之中,代代相传,成为社会主义建设事业的强大力量源泉。

作为一种优秀的革命精神,沂蒙精神与青年梦在理论建构上保持了高度的一致性,其作为马克思主义与我国实际相结合并在革命和改革的实践中得到检验的先进思想意识形态,也是马克思主义中国化的一部分,是马克思主义中国化理论成果的宝贵精神财富和中国革命精神的重要组成部分。"沂蒙精神历久弥新,彰显了巨大的历史贡献、时代价值和创新功能,是军民生死与共、党群鱼水深情的写照,是中国梦语境下社会主义核心价值体系建设的生动实践和具体体现。从沂蒙精神的形成过程来看,它在孕育生长之初就深深烙上了共产党人的革命初心和人民军队的红色基因。"①沂蒙精神在价值取向上,始终以其与时俱进的特殊品格,紧跟时代发展步伐,随着社会实践的发展而不断被赋予新的时代内涵。"沂蒙精神的话语存在

---

① 韩延明.撷论沂蒙精神的本源、本质、本色与本分——学习领悟习近平总书记关于沂蒙精神的重要论述[J].理论学刊,2019(1):48-55.

是中国精神话语接地气、彰显精气神的具体表现形式,以鲜明的个性特征诠释着中国精神的具体话语魅力,是滋养中国精神的重要话语资源。"①沂蒙精神和青年梦都充分反映了中国共产党的初心与使命。"中国共产党人的初心和使命,就是为中国人民谋幸福,为中华民族谋复兴。"这是从中国共产党诞生起就确立的历史使命。在中国革命的发展过程中和中国共产党的成长历程中,这个初心和使命一直没有变。为人民群众谋取利益和幸福,是中国共产党的一个庄严承诺,是一切共产主义者的初心。在艰苦卓绝的革命战争年代,沂蒙党组织经历了秘密创建、勇敢斗争、遭到破坏、恢复重建几个过程,可以说,蒙山沂水间几度旗树旗倒、人聚人亡,一片腥风血雨。但无谓的共产主义者举起真理的火种,深入群众,发动群众,组织武装暴动,将利剑刺向反动统治,为之后的沂蒙山革命根据地的创建,奠定了坚实的基础。沂蒙地区党组织根据不同时期形式的变化和任务要求,保持为人民谋利益,为民族谋复兴的初心,大力加强党的自信建设。党的队伍不断发展壮大,成为理想信念坚定、政治方向明确、作风优良、具有强大凝聚力和战斗力的先锋队。党与人民群众血肉相连、生死与共,成为人民的坚强靠山和永远的旗帜,在沂蒙根据地内,上至党政军高级领导,下到普通党员干部,都视人民群众为亲人,始终保持着与老百姓血肉相连的关系,勤政爱民,廉洁奉公,关心群众疾苦,为群众分忧解难。老百姓从一个个共产党人清正廉洁的作风中,真切感受到了共产党是真诚为人民谋福利的,好的作风和形象,犹如一面面旗帜,聚集起沂蒙大地千千万万人民群众跟着共产党走,我们党

---

① 徐东升.沂蒙精神:涵养中国精神的重要话语资源——写在习近平总书记沂蒙精神重要讲话四周年之际[N].大众日报,2017-11-19(05).

才能生存发展壮大，不断从胜利走向胜利。

从上述意义上来说，与社会主义核心价值观始终保持高度一致的沂蒙精神，其内涵中所蕴含的忠诚大义、爱党爱军、生死与共等崇高精神质素，与每一时代青年群体的责任使命一样，都是建立在对国家、民族的无限忠诚和对中国共产党的无比信任基础上的。二者在实现中国梦的历程中形成了有效呼应。"沂蒙人民以国家民族利益为最高取舍，表现出了舍己为公、舍生取义、无私奉献、正气凛然的正义感和道义感，总能感人至深，引发强烈共鸣。沂蒙人民怀着对国家和民族的忠诚与挚爱之心，看到了中国共产党和人民军队救国救民的真正目的，义无反顾地跟共产党走，为党的事业抛头颅洒热血在所不惜，为人民军队奉献与牺牲甘心情愿。"①无论是处于血与火的战争年代，还是处于热情高涨的改革开放与新时代大美临沂的建设时期，沂蒙人民都坚定不移地跟党走，时刻以党和国家、民族与社会的最高利益为出发点，思考问题、作出抉择。在党的二十大报告中，习近平同志指出，江山就是人民，人民就是江山。中国共产党领导人民打江山、守江山，守的是人民的心。治国有常，利民为本。为民造福是立党为公、执政为民的本质要求。必须坚持在发展中保障和改善民生，鼓励共同奋斗创造美好生活，不断实现人民对美好生活的向往。我们要实现好、维护好、发展好最广大人民根本利益，紧紧抓住人民最关心、最直接、最现实的利益问题，坚持尽力而为、量力而行，深入群众、深入基层，采取更多惠民生、暖民心举措，着力解决好人民群众急难愁盼问题，健全基本公共服务体系，提高公共服务水平，增

---

① 徐东升,汲广运.沂蒙精神研究[M].济南:山东人民出版社,2017:183-184.

强均衡性和可及性,扎实推进共同富裕。当代青年弘扬沂蒙精神和担负国家民族振兴所赋予的历史使命,都需要密切与人民群众的关系,从人民利益出发,为人民幸福不懈奋斗。

二、信仰保证

信仰是一个人、一个组织的思想灵魂和精神支撑,唯有信仰崇高并甘愿为之奋斗牺牲,个体生命才能升华和永恒,一个组织才能坚不可摧。一个人如果没有矢志不移的信仰支撑,精神就会萎靡不振,一个民族也是如此。习近平同志指出:"红色基因就是要传承。中华民族从站起来、富起来到强起来,经历了多少坎坷,创造了多少奇迹,要让后代牢记。我们要不忘初心,永远不可迷失了方向和道路。"作为一种红色文化,沂蒙精神的形成主要有三个源头:一是临沂独特地域文化和优秀传统文化的传承。二是革命文化,是随着共产主义在沂蒙的传播、共产党八路军进入沂蒙发展壮大,使得红船精神、井冈山精神、长征精神、延安精神等革命精神得到传承。三是党领导人民在推进社会主义建设和改革开放中,培育起来的社会主义先进文化。"沂蒙精神包含着大爱无疆的道德美,吃苦耐劳的品格美,勇于开拓的行为美,无私奉献的精神美。这种美之所以有着强大的亲和力,是因为她包含着沂蒙的历史文化精神以及正在凝结和发展着的城市的内在气质、价值观念、社会心理、思想意识、道德观念、行为准则等丰富内容。因此,沂蒙精神也是体现沂蒙人民独特个性特征的符号系统。沂蒙精神作为临沂区域文化长期实践的精神积淀,成了临沂市民认同的精神纽带、心理依存、行为导向和实践哲学,成了推动临沂城市发展的精神动力,成为临沂市民所共识公认、自觉遵守、引为自豪、自我激励的座右铭,是临沂发展的灵魂和精髓,是全体临沂市民心目中的一面旗帜。"①

在共产党人的精神长河中,沂蒙精神熠熠闪光,如同一座屹立不倒的精神灯塔,穿越历史启迪未来,烛照着我们党的奋斗征程。沂蒙精神又如一把熊熊燃烧的如椽火炬,贯穿伟大发展实践,照亮沂蒙老区美好未来。沂蒙精神之所以不因岁月流逝而褪色、不因时代变迁而黯淡,就在于它"党群同心、军民情深,水乳交融、生死与共"的丰富内涵,随时代一起脉动,迸发出推动历史发展的时代光芒,激励着我们奋勇前进。蒙阴县原党史研究室主任李作义对此很有感慨:"沂蒙人淳朴,也很倔强,只要认准了的事,就一条道走到底。只要跟定了共产党,哪怕付出毕生的精力乃至生命,他们也绝不回头。"②1941年11月,日寇包围沂南县五空桥村,抓捕了掩藏八路军35万斤粮食和30多条枪的村长刘世矩。为了逼他说出所藏的物资,日寇先是将他暴打一顿,再放进铡刀恐吓,连续三次威胁,刘世矩始终没有泄露一个字,由此,刘世矩被百姓亲切称为"三钻铡"。1938年10月,武汉沦陷后,山东处于全国敌后战场重点发展的中心位置,党中央运筹帷幄,做出"派兵去山东"的指示,苏鲁豫皖边区省委随之改为中共中央山东分局。山东分局的建立,极大鼓舞了山东人民的抗日斗争。1938年冬,《大众日报》入驻沂水县云头峪村,它隐藏于群山之中,印刷所被安置在峪底村民刘茂菊家中。当22岁的刘茂菊得知办报是为了宣传抗日主张和政策时,她立即就把家中东屋腾出来做印刷机房。开始印报时,最大的困难是缺少常用字的备字。当时没有铸字炉,工人只好想办法自己浇筑,用炭火将铅烧化了倒在字模里,排一

①　徐东升,汲广运.沂蒙精神研究[M].济南:山东人民出版社,2017:184.
②　沂蒙大地的深情.沂蒙大地的深情[N].大众日报,2013-09-05(1-2).

版报纸要两个人跟着浇筑铅字,速度很慢。缺少标题字,工人们就自己用木头刻。没有铅条,他们就找木匠刨木条代替。时值寒冬,草房四下透风,捡字时冻得手指麻木。生火炉只有湿木头,呛得人睁不开眼眼泪直流。工人们一面排,一面印。当夜,交通员将几十公斤的报纸扛到王庄山东分局,再由此送往各根据地,就在这种艰苦的条件下,印刷厂的工人圆满完成了印报任务。沂蒙精神生动诠释了共产党人对马克思主义的信仰,对社会主义和共产主义的信念,承载了沂蒙儿女"铁了心跟着党走"的坚定和执着。从李清漪、刘晓浦、刘一梦、张星等沂蒙青年共产党员,到陈明、程克、辛锐等革命烈士,再到沂蒙母亲、沂蒙红嫂、沂蒙六姐妹等普通群众,沂蒙党政军民始终凝聚在同一旗帜下,坚定理想信念,执着追求信仰,用生命捍卫信仰,用信仰诠释生命,在生与死、荣与耻、名与利的考验中,为理想为信仰而不畏牺牲,在接续奋斗中结下了鱼水深情。沂蒙山区作为全国著名的红色革命根据地,党和军队为革命解放事业抛头颅、洒热血的英勇行为深深感染和教育了沂蒙人民,使沂蒙人民萌起拥军爱国之情并内化为革命行为,自觉将革命的满腔热血倾注到支援中国革命之中。在革命战争时期,沂蒙人民在党的正确指导下,保持党群干群的紧密联系,同仇敌忾、齐心协力,涌现出了无数浴血奋战、可歌可泣的革命英雄。[①] 当代青年的使命担当就是在党的带领下为中华民族谋复兴,这种担当意识,在沂蒙精神的铸炼过程中始终鲜明。

红色基因标注信仰与方向,连接过去和未来,当今时代,在为实现伟大复兴中国梦的道路上,青年群体更要从沂蒙精神中汲取信仰

---

① 安盈洁.沂蒙精神及其时代价值研究[D].兰州:西北民族大学,2014:7.

信念的力量,坚守初心使命,增强政治定力,切实树立正确的世界观、人生观和价值观,自觉成为共产主义远大理想和中国特色社会主义共同理想的坚定信仰者和忠实践行者。同时,当代青年也要从沂蒙精神中进一步汲取奋斗的力量。沂蒙地区是革命战争年代尤为重要的战略基地,沂蒙地区反抗压迫和侵略的光荣革命传统进一步锻造了沂蒙青年坚强勇敢和吃苦耐劳的优秀精神品格。其中,在抗日战争和解放战争中,沂蒙精神突出表现为沂蒙青年热爱中国共产党、热爱人民军队,与党和军队齐心协力、前赴后继支援中国革命,开拓中华民族独立和人民解放的伟大革命道路方面。中国共产党在山东开展的早期活动为沂蒙精神的形成做了理论铺垫,是沂蒙青年革命精神的思想启蒙。艰难困苦,玉汝于成。奋斗源于对崇高信仰的践行,是应对挑战、抵御风险、克服困难、解决矛盾的一贯精神状态,是沂蒙精神永恒的主题。回顾沂蒙发展史,无论是在革命战争年代,还是在社会主义建设、改革开放时期,不论面对何种艰难险阻,在沂蒙精神的激励下,沂蒙人民从来没有屈服过,从来没有低过头。从昔日"四塞之崮、舟车不通,土货不出、外货不入"的沂蒙老区,到如今拥有百万级市场主体、千万级人口规模、万亿级商贸物流的"市场名城、物流之都",沂蒙人民继承优良传统、传承沂蒙精神,用自己的双手干出了一番新天地。今天,在新的征程上,青年群体更要传承弘扬沂蒙精神里蕴含的强烈的政治担当、责任担当、使命担当,以只争朝夕、时不我待、抓铁有痕、踏石留印的精神,埋头苦干,拼搏实干,全面实施现代化强市"八大战略",奋力推动临沂"走在前、进位次、提水平"。

信仰既有情感的支撑,也有理论和实践的支撑。善良质朴的沂蒙人民在艰苦卓绝的革命斗争和社会主义建设中汇聚而成的伟大精神,也是中国共产党"一切为了群众,一切依靠群众,从群众中来,到群众中去,把党的正确主张变为群众的自觉行动"的实践写照。沂蒙精神产生的背景是党爱民、军爱民,党首先把群众利益放在首位,为人民求解放谋幸福,然后才有了人民群众听党话跟党走、无私奉献。在旧中国,沂蒙地区军阀混战、土匪横行、自然灾害频繁多发,再加之外国势力和封建地主阶级对老百姓的残酷剥削,沂蒙青年彷徨迷茫,渴望改变不公平的社会状况,直到共产党、八路军走进沂蒙大地,他们才有了主心骨,才看到了追求美好生活的希望。在沂蒙根据地和沂蒙解放区内,党和军队把每一位青年都当作亲人,时刻为他们的成长着想。沂蒙革命根据地实行民主政治、开展民主选举,让劳苦大众当家作主。组织大量沂蒙青年学文化、受教育,开办识字班,让他们通过学习真正感受到做人的尊严。抗日根据地最困难的时候,党和军队仍时刻关心着青年的成长与发展,组织开展"减租减息""大生产运动"等活动,培养青年的斗争经验,鼓舞青年继续奋斗。党员带领进步青年在敌后组织修建了袁家口子大堤等水利工程,既减轻了人民群众的负担,改善了人民群众的生产生活条件,也彻底打破了敌人对根据地的经济封锁。党和军队把青年视作民族解放第一重要力量,沂蒙热血青年也心怀感恩,以忠诚勇武的表现,在危急时刻和人民军队一起浴血奋战、打击敌人,用生命为人民群众筑起了一道道血肉长城。1943年春荒时,山东军区专门作出决定,要求年轻的战士们挖野菜时远离村庄,把近处的野菜留给群众食用。党和军队做的每一件看得见、摸得着的好事和实事,都深深影响着青年群体的思想意识,坚定着他们为国家和民族而战的理想信念,所以,才有了他们一次次为了革命胜利而不怕牺牲的表现,有了与人民群众的身后情

146

谊,青年与党和军队形成了牢不可破的血肉联系。共产党、八路军在保护老百姓生命财产安全时总是不怕牺牲,冲在最前面,也正是因为此,从1938年到1949年,经过12年的艰苦斗争,党领导沂蒙人民终于赶走了日本侵略者,打败了国民党反动派,迎来了新中国的成立。党和军队真心维护沂蒙人民的利益,让人民群众当家作主,过上了有尊严、有田地的生活,赢得了沂蒙人民的衷心支持和拥护。人民群众认定共产党就是自己人,八路军就是老百姓的军队,因此,他们以心换心,和共产党、八路军拧成一股绳,结成一条心,千千万万沂蒙人民紧跟党和军队的步伐,"一同打鬼子,一同烧炮楼,一同闹减租,一同护秋收,吃的是一锅饭,点的是一灯油",以实际行动表达坚定跟党走的信念。参军支前是沂蒙人民参与革命、支援革命的实际行动,是坚定听党话跟党走的最直接表达。淳朴的沂蒙人民唱响"跟着共产党走",用大爱、大义之举诠释着对党和人民军队的无限忠诚!踊跃参军是为中国革命奉献生力和战斗力,拥军支前则是为中国革命奉献财力和劳力。革命战争年代,沂蒙人民喊响"一切为了战争胜利"的响亮口号,节衣缩食,甚至不惜破产毁家,支援前线。

新中国成立后,在党的领导下,沂蒙人民继续发扬战争年代那种同心同德、敢于拼搏的精神,斗志昂扬、迎难而上。在"大美新"临沂建设历程中,人民群众始终怀着饱满的热情积极拥护党的领导,参与不同时期的社会主义建设,取得了令人瞩目的成就。正如习近平所指出的,"为人民,靠人民""听党话,跟党走",共同谱写了新时代"水乳交融、生死与共"党群干群关系的新篇章,也使得伟大的沂蒙精神在新时代进一步发扬光大,放射出更加耀眼的时代光芒,而沂蒙精神的发展过程中,这种为民靠民、党群同心的精神内涵,也成为实现中华民族伟大复兴中国梦的力量源泉。沂蒙精神所蕴含的崇高理想与坚定信念,是中国特色社会主义共同理想的鲜明写照。理想体现了人们对美好生活的向往和追求。崇高的理想是坚定信念、凝聚人心、催人奋进的伟大旗帜,是战胜困难、赢得胜利的精神动力。①

当代青年要继续从沂蒙精神中汲取为民的信仰力量。从"满缸净院"的亲民作风、"不拿群众一针一线"的严明纪律,到"喊大爷、叫大娘"的尊民称呼,再到"挖野菜也要远离村庄"的爱民行动,党始终把人民放在心中最高的位置,人民群众感党恩、听党话、跟党走,才有了"党群同心、军民情深,水乳交融、生死与共"的沂蒙精神,才有了"最后一口粮当军粮,最后一块布做军装,最后一个儿子送战场"的感人事迹。历史无言,精神不朽;时代演进,信仰不变,站在新的起点,沂蒙人民正从那融入历史长河的沂蒙精神中汲取笃志前行的信仰力量,转化为干事创业的生动实践,以更大魄力坚定不移推动高质量发展,谱写新时代更加壮美篇章。②

作为中国精神在沂蒙地区的具体表现形态,沂蒙精神产生与发展过程始终和广大青年的社会实践融合在一起。其中忠诚、担当是先进性的基本要求,爱党、爱军、奉献是人民性的具体体现。这一基本内涵,与中国精神中的爱国、信义、民本、自强、进取、务实等具有高度的契合性,体现了民族性和时代性相统一的话语特色。在价值取向上,沂蒙精神作为沂蒙人民在中国共产党领导下逐渐形成的精神

---

① 徐东升,汲广运.沂蒙精神研究[M].济南:山东人民出版社,2017:269.

② 本报评论员.弘扬沂蒙精神丨临报评论:从沂蒙精神中汲取不竭动力[EB/OL].临沂文明网(2022-06-06)[2023-4-25]. http://ly. wenming. cn/jjym/202206/t20220606_7648339. html.

品质,是沂蒙地区党员干部与人民群众具有的稳定的群体性心理特征和行为倾向,因此,对于沂蒙精神基本内涵的认知与把握需要运用双重视角,一是从中国共产党的视角来看,沂蒙精神体现了人民的主体地位、价值指向、责任担当等含义,从人民群众的视角来看,沂蒙精神体现了追求进步、自强不息、务实求功、乐于奉献的精神品质。①二是从话语定位来看,沂蒙精神的基本内涵与中国精神的民族特质和时代特征高度一致,沂蒙精神是具有时代特色的民族精神,是民族精神在沂蒙大地的彰显。

在沂蒙地域文化基石上发展起来的沂蒙精神,始终彰显着包括青年群体在内的沂蒙人民大忠大信、大义大爱、大智大勇和大善大美的崇高品格。大忠大信,即沂蒙精神以信仰力量感召人。沂蒙精神体现出的大忠是对国家民族的忠,沂蒙精神体现出的大信是对中国共产党及其军队的信。面对民族与国家灾难,沂蒙人民勇于牺牲个人一切利益,义无反顾地跟共产党走,表现出感天动地的忠诚、守信、勇猛和果敢。大义大爱,是指沂蒙精神始终以高尚的道德力量凝聚人。沂蒙精神体现的大义是人间正义,沂蒙人民以国家民族利益为最高取舍,表现出了舍己为公、舍生取义、无私奉献、正气凛然的正义感和道义感,总能感人至深,引发强烈共鸣。大爱是一种超越了人间利益、权利、金钱的无私之爱,大爱的人没有个人利益追求,是在一种至高无上的价值观支配下的最高尚的牺牲和奉献行为。大爱的前提是要有大义。沂蒙人民怀着对国家和民族的忠诚与挚爱之心,看到了中国共产党和人民军队救国救民的真正目的,义无反顾地跟共产

① 徐东升.沂蒙精神:涵养中国精神的重要话语资源——写在习近平总书记沂蒙精神重要讲话四周年之际[N].大众日报,2017-11-19(05).

党走,为党的事业抛头颅洒热血在所不惜,为人民军队奉献与牺牲甘心情愿。由此可以看出,沂蒙精神中尤为突出和紧密的党群关系,充分彰显了包括无数青年在内的沂蒙人民爱党爱军的高尚道德情操。这种道德情操又以对社会和民众的言行规约呈现出巨大的社会凝聚力量。大智大勇,是指沂蒙精神以精神力量呼唤人。无论是在战争年代还是在社会主义建设时期,无论是深处改革开放大潮中还是"大美新"临沂建设时期,在沂蒙精神的感召下,广大青年都能从党和国家利益、民族与社会利益出发去思考问题、作出抉择,因此,如果不能深刻理解沂蒙人民的这种大智慧,就很难真正理解沂蒙精神的深刻内涵。大善大美,是指沂蒙精神以传统力量亲和人。沂蒙精神是千千万万沂蒙儿女不断追求的真、善、美的文化结晶。它蕴含着大爱无疆的道德美、吃苦耐劳的品格美、勇于开拓的行为美和无私奉献的精神美。这种美的品格,充分体现了一代又一代沂蒙青年的真诚与善良,呈现出强大的亲和力。这种真、善、美包含着沂蒙的历史文化精神以及正在凝结和发展着的城市的内在气质、价值观念、社会心理、思想意识、道德观念、行为准则等丰富内容。在为中华民族和人民利益不懈奋斗的历程中产生和发展起来的沂蒙精神,始终以强大的感召力,使一代又一代青年坚定政治信仰,为实现中华民族伟大复兴奋斗不息。

第五章

弘扬沂蒙精神助力当代青年发展

实现中华民族伟大复兴梦，凝聚了一代又一代青年人的憧憬与期待，众多有志青年在这一梦想指引下不懈努力奋斗，将个人理想紧紧融于时代潮流中，这与内涵不断发展深化的沂蒙精神一样，都呈现出与时俱进的特点。在中国特色社会主义新时代，立足青年群体发展，从创新理念、凝练资源和优化平台三个方面探索沂蒙精神的助力作用，提炼弘扬沂蒙精神的助力路径，对于推动实现中国梦和帮助当代青年勇担时代使命、实现个人价值具有重要指导作用。

第一节 创新助力理念

新的时代塑造新的青年,并赋予他们新的历史使命。习近平同志指出:"每一代青年都有自己的际遇和机缘,都要在自己所处的时代条件下谋划人生、创造历史。"①当今时代,国内外和平、开放与稳定成为主流发展趋势,为青年群体成长成才提供了良好的环境,而21世纪第四次工业革命的发生,以人工智能、新材料技术、虚拟现实、量子信息、清洁能源等技术领域的创新,极大开拓了青年群体认知世界的视域,提升了他们改造世界的能力。在新的时代环境中,弘扬沂蒙精神,助力青年群体发展,需要以新的时代梦想为导向,紧密结合新时代青年群体的身心特点和发展诉求,融入新技术,探索新方式,务实有效地将沂蒙精神的时代新蕴内化于当代青年群体的个人发展和理想实现过程中。

一、以时代梦想为导向

从上述沂蒙精神产生与发展的历程分析来看,其内涵的演进深

---

① 习近平.十八大以来重要文献选编(中)//青年要自觉践行社会主义核心价值观(2014 年 5 月 4 日)[M].北京:中央文献出版社,2016:2.

化,始终保持着与时代和社会前进方向同频同步的特点。2013 年 3 月,习近平同志在十二届全国人大一次会议闭幕会讲话中指出,实现全面建成小康社会、建成富强民主文明和谐的社会主义现代化国家的奋斗目标,实现中华民族伟大复兴的中国梦,就是要实现国家富强、民族振兴、人民幸福。这就从三个不同而又密切相关的维度明确了中国梦的内涵。从国家层面讲,就是要把我国建设成富强民主文明和谐的社会主义现代化国家;从民族层面讲,就是要振兴伟大的中华民族;从人民层面讲,就是要让人民过上幸福美好的生活。① 2022 年 10 月,习近平同志在党的二十大报告中再次强调,"从现在起,中国共产党的中心任务就是团结带领全国各族人民全面建成社会主义现代化强国、实现第二个百年奋斗目标,以中国式现代化全面推进中华民族伟大复兴。"②志在实现中华民族伟大复兴的中国梦,事实上从近代以来就已经是无数仁人志士为之努力的方向。2012 年,中国共产党明确提出这一伟大梦想,更加清晰有力地鼓舞了包括广大青年在内的中国人民的前行斗志,截至今天,这一梦想的提出已经十年有余,其再次融入中国式现代化建设宏伟目标中。在这一奋进历程中,时代内涵已经获得极大丰富与深化的沂蒙精神,需要以更加适应国家发展需求的崭新面貌,助力当代青年发展。

党的二十大报告指出,中国式现代化,是中国共产党领导的社会主义现代化,既有各国现代化的共同特征,更有基于自己国情的中国

---

① 梁梁. 中国梦的本质是国家富强、民族振兴、人民幸福[EB/OL]. 中国共产党新闻网(2018 - 08 - 27)[2023 - 5 - 4]. http://cpc. people. com. cn/n1/2018/0827/c223633-30253433. html.

② 新华社. 中国共产党第二十次全国代表大会在京开幕[EB/OL]. 新华网(2022 - 10 - 16)[2023 - 5 - 6]. http://www. xinhuanet. com/2022 - 10/16/c_1129066920. htm.

特色,其本质要求是:坚持中国共产党领导,坚持中国特色社会主义,实现高质量发展,发展全过程人民民主,丰富人民精神世界,实现全体人民共同富裕,促进人与自然和谐共生,推动构建人类命运共同体,创造人类文明新形态。具体来说,中国式现代化又包括人口规模巨大的现代化、全体人民共同富裕的现代化、物质文明和精神文明相协调的现代化、人与自然和谐共生的现代化、走和平发展道路的现代化。① 新时代弘扬"党群同心、军民情深、水乳交融、生死与共"的沂蒙精神,助力青年发展,也要紧密围绕中国式现代化目标,并以此为导向,继续发掘沂蒙精神时代新蕴,并将之切实融入当代青年群体的个人发展和理想信念中,使之真正发挥红色精神的重要作用。

在新时代青年群体中弘扬沂蒙精神,要更新理念,以青年人喜闻乐见的方式,加强党的建设,密切当代青年与党之间的关系,有效实践"党群同心",助力青年为实现民族自强、国家发展和人民幸福的时代梦想而努力奋斗。沂蒙精神的丰富内涵彰显了中国共产党同人民群众的血肉关系,反映了党一切为了人民、依靠人民、植根人民,通过宣传、动员和教育,领导人民夺取新民主主义和社会主义革命胜利的艰辛过程和人民群众信任、热爱中国共产党,紧跟党的步伐,自强不息,顽强奋斗的历史进程。"一切为了群众,一切依靠群众,从群众中来,到群众中去"的群众路线,是事关党的生死存亡的重要工作路线,也是沂蒙精神的精神主线。在革命时期驻扎在沂蒙根据地广大有志青年,扎根基层,到群众中去,积极的为人民群众服务,为群众谋利益,不惜牺牲宝贵生命,这些都构成了沂蒙精神的重要内容。当今时

---

① 本书编写组.高举中国特色社会主义伟大旗帜为全面建设社会主义现代化国家而团结奋斗 在中国共产党第二十次全国代表大会上的报告[M].北京:人民出版社,2023.

第五章 弘扬沂蒙精神助力当代青年发展

155

代,继承和弘扬沂蒙精神,对于解决青年群体的信仰、信念和信任问题,督促广大青年更好地践行群众路线,加强群众工作,密切党群关系等具有更加重要的现实意义,也是青年共产党员继续保持党的优良传统,坚持党的优良作风的重要保障,是加强新时代党建工程的重要方面,对于提高广大青年共产党员的纯洁性,增强其拒腐防变的能力,与时俱进,不断创新具有十分重要的作用。在全面推进建成小康社会新时期,中国共产党人更要继续传承与发扬沂蒙精神,在不断加强自身建设的同时,带领广大青年积极投身社会主义建设事业中去,为取得社会主义建设新胜利而奋斗。

在这一过程中,最重要的是要把践行沂蒙精神"党群同心"内涵真正落到实处,继续号召广大青年全心全意为人民服务,脚踏实地、求实创新,"按照为民、务实、清廉的要求,认真落实好中央关于改进工作作风、密切联系群众的'八项规定',把改进作风要求落实到每一项工作和每一个环节中去。弘扬沂蒙精神,倡导科学发展,继承革命先烈遗志,用实实在在的发展业绩,回报人民的支持与拥护,把群众呼声作为第一信号、把群众需求作为第一选择、把群众富裕作为第一追求,一切为了群众,一切服务群众,推动科学发展,实现共同富裕。"①对于广大青年党员干部来说,沂蒙精神还体现为强烈的政治担当、责任担当和使命担当,因此,在弘扬沂蒙精神过程中,要切实按照中央和省、市委部署,组织开展"不忘初心,牢记使命"主题教育,把"两学一做"常态化制度化,使青年党员干部把"为人民"牢牢刻在心中,站稳群众立场,增进群众感情,在将沂蒙精神"党群同心"崇高品

---

① 王经西,惠扬.永恒的财富——沂蒙精神的当下解读[J].理论学习(山东干部函授大学学报),2014(5):13-16.

格内化于心的同时,更外化为转作风、敢担当,一切为人民谋福祉的实际行动,以党心换民心,以党心聚民心,为新时代沂蒙精神进一步更新内涵。"全面建设小康社会,必须充分依靠人民群众。要实现全面建设小康社会的宏伟目标,必须相信群众,依靠群众,要诚心家意地服务群众,为群众办实事。历史发展经验证明,人民群众的大力支持和无私奉献,是我党我军取之不尽用之不竭的力量源泉。任何时候、任何条件下,只要我们真正能够做到密切联系群众,处处关心群众疾苦,做群众的贴心人,就没有克服不了的困难,反之,如果脱离了人民群众,中国革命和建设将一事无成。"①

在党的二十大报告中,习近平同志再次强调,我国是工人阶级领导的、以工农联盟为基础的人民民主专政的社会主义国家,国家一切权力属于人民。人民民主是社会主义的生命,是全面建设社会主义现代化国家的应有之义。全过程人民民主是社会主义民主政治的本质属性,是最广泛、最真实、最管用的民主。必须坚定不移走中国特色社会主义政治发展道路,坚持党的领导、人民当家作主、依法治国有机统一,坚持人民主体地位,充分体现人民意志、保障人民权益、激发人民创造活力。② 同时,他还指出,要深化工会、共青团、妇联等群团组织改革和建设,有效发挥桥梁纽带作用。由此,在新时代弘扬沂蒙精神,助力当代青年发展方面,要充分发挥群团组织的宣传教育功能,以与青年人谈心交心的方式,积极宣传沂蒙精神在形成和发展历程中,众多进步青年在紧密联系群众和为时代理想奋斗过程中,发挥

---

① 徐东升,汲广运.沂蒙精神研究[M].济南:山东人民出版社,2017:290.
② 本书编写组.高举中国特色社会主义伟大旗帜为全面建设社会主义现代化国家而团结奋斗 在中国共产党第二十次全国代表大会上的报告[M].北京:人民出版社,2023.

的先锋模范作用,使之树立榜样学习意识,推动青年群体在中国特色社会主义事业、实现中华民族伟大复兴的进程中,发挥更加强大的作用。

二、以青年成长成才为支撑

新时代弘扬沂蒙精神,引领当代青年为建设中国式现代化国家而奋斗,还需要紧密结合当代青年身心成长特点和成才诉求,实事求是地将时代梦想和青年群体的个人梦想有效衔接,提升当代青年为国家和人民利益贡献力量的主体意识,助力青年群体自觉并乐于将个人成长成才梦想融于国家发展目标中。

人的主体性从本质上来说,是人在处理自身与世界的关系时作为主体和在实践活动中所体现出的主动性、创造性、能动性以及主体的本质力量。在内涵上,人的主体性一般包括独立自主性、自觉能动性和积极创造性等要素。一个人在青年时期,主体意识会明显增强,他们不再只是社会和家庭的服务对象,更是一个时刻参与到社会和家庭生活中的独立个体,随着社会主义市场经济的深入发展和社会的不断进步,在新时代弘扬沂蒙精神,培育和尊重青年群体的主体意识,积极鼓励他们发挥主体作用,变得尤为重要。在具体实践过程中,青年群体的主体性主要表现为自尊、自立、自强的自我意识和自我激励、自我调控、自我评价的能力等,其中很多青年人的自觉能动性,不仅表现于学习或工作中,还表现在他们的私人化生活和社会化活动中。例如,他们主动参与各种活动,具有良好广泛的兴趣、强烈的求知欲和成就感,他们乐于与人交往和解决实际问题等。青年群体的积极创造性是其主体性发展的最高表现。对于青年群体来说,创造性意味着具有独立思考的能力、丰富的想象力和较强的动手能力等优点。由此,我们可发现影响青年群体主体性发挥的因素,主要表现在制度和观念两个方面,其中在观念上又表现为社会发展理念和青年教育理念两个层面,在发展理念层面,社会各类组织机构应该努力为青年群体的主体性发挥创造良好的外部环境,注意协调他们与社会价值取向之间的关系。并在此基础上,通过制定一些相关制度来保障青年群体主体性的发挥。

培育和增强当代青年成长成才的主体意识,与新时代弘扬沂蒙精神在本质上具有一致性,二者都为青年群体的积极进取提供强大的精神动力,而且沂蒙精神与不同历史时期青年群体发展的紧密关系,也充分表明其对于青年成长成才具有极强的号召力和鼓舞力,在这种精神感召下,每一位青年都渴望投身到民族复兴的伟大洪流中,以自己的理论知识和实践技能,为祖国发展和社会进步做出贡献。沂蒙精神能够有效激发青年人的学习热情,促使他们不断努力进取、提高个人素质与能力,成为祖国繁荣发展的建设者和接班人。另外,沂蒙精神是当代青年主体性发挥教育的重要指导,沂蒙精神时代内涵始终与国家和民族前行的方向高度一致,当代青年主体性发挥教育,也正是鼓励和指导青年群体将个人发展目标与祖国发展目标结合到一起的教育,在这种教育中,通过增强青年在自我价值实现和理想信念确立等方面的主体意识,使青年参与社会的主体性发挥出最为积极的作用。实现伟大复兴中国梦,需要大批思想坚定、素质过硬和能力超群的青年人才,因此,在这一过程中,要积极弘扬沂蒙精神,为国家培养更多优秀的青年人才,也使他们尽快走向完善和成熟。

具体来说,在弘扬沂蒙精神过程中,首先要进一步加强对当代青年的思想引导,使他们树立正确的世界观、人生观与价值观,以个人成长成才托举起中华民族复兴梦想。而对当代青年的思想引导教育，要将沂蒙精神的时代新蕴浸润到他们的日常学习和生活教育中，强化沂蒙精神的思想引领作用，使青年群体在其鼓舞下，积极发挥个人主体性，树立与其相一致的理想信念。同时，在日常思想政治教育过程中要特别重视青年群体的德育工作，要把以爱国主义为核心的民族精神和以改革开放为核心的时代精神融汇到青年的思想教育中，感召当代青年积极为祖国努力奋斗，重视实践育人，要根据青年人的身心特点，将弘扬沂蒙精神与解决青年群体实际问题结合起来，以科学的人生观和理想信念，激发青年群体求知奋斗的自觉性和能动性。其次，在弘扬沂蒙精神过程中，要积极培育青年群体的主体意识，使他们对自身主体地位角色、自我调控能力和自我存在价值的意识有所增强，培养他们为国家和民族发展努力奋斗的主人翁意识，使他们在为梦想奋斗的过程中更具能动性、自主性和创造性，并保障他们的主体意识向正确方向发展，避免或减少负面趋向，使他们具有自我教育、自我管理和自我完善的能力，自觉成为担负时代使命的奋斗主体和自我发展主体。最后，要以人为本，遵循青年人的成长规律，促进青年的全面发展。马克思主义提倡人的全面发展，而发展也是每一个青年人的基本需求，因此，发展的结果反映着青年群体梦想实现的程度。青年人的成长成才又与政治、经济、文化等紧密相连，这就要求在弘扬沂蒙精神过程中，对青年群体的理想信念教育不能停留于空洞的道德说教上，应坚持以人为本，尊重青年的身心发展规律，了解青年的所思所想，把握青年的思想特点，知晓青年的发展需求和愿望，对青年进行有针对性地教育引导。特别是要使当代青年科学认识人生价值，树立担当意识，强化自身社会责任感，将个人成长成才与国家、社会和民族发展统一起来,使国家民族对青年群体的要求,内化为青年谋求个人发展、实现自身价值的自觉行动,从而促进青年梦与中国梦在实践中紧密统一,推动青年群体实现个人梦想。

总之,每一位时代青年理想的实现,都与国家和民族梦想能否实现密切相连。当代青年作为国家发展和人民幸福梦想的实践主体,要通过弘扬沂蒙精神,把实现个人价值与中华民族伟大复兴紧密结合起来,强化主体性发挥,积极完成时代赋予自身的责任与使命。

第二节　凝练助力资源

当今时代,要实现中华民族伟大复兴美好愿景和建设中国式现代化国家,在青年群体中弘扬沂蒙精神,要根据时代发展,通过强化思想道德建设和倡导实干风尚,把沂蒙精神中所蕴含的爱党爱军、艰苦创业、不怕困难和勇于开拓进取等优良品格,深入贯穿到当代青年工作和生活中去,提升当代青年的党性修养和思想道德,增强青年战胜困难的勇气和干事创业的精神,以及勇担时代使命的社会责任意识。

一、强化道德力量

社会主义思想道德建设是社会主义先进文化的重要组成部分,

也是国民素质的集中体现,其作为中国共产党的政治特色与优势,一直以来都受到党的高度重视。社会主义思想道德建设充分体现了社会主义精神文明发展的性质与方向,反映了社会主义制度的本质要求。"只有不断推动思想道德建设,才能不断为发展变化的经济与社会进步创造健康适宜的环境。才能在深化改革、逐步建设和完善社会主义市场经济体制的条件下,形成建设有中国特色社会主义共同理想、价值观念和道德规范,防止和遏制腐朽没落的思想及生活方式、丑恶现象的滋长蔓延;才能在进一步深化改革、扩大开放的新形势下,吸收外国优秀文化成果,弘扬中华民族传统文化精华,粉碎西方敌对势力反华、西化图谋,为社会主义现代化事业提供强有力的精神动力和智力支持。"[①]邓小平同志指出,全党要坚持共产主义思想、共产主义道德、共产主义精神,人民要成为"四有"人民,干部要成为"四有"干部,青年要有理想、有纪律。新时期以来,瞬息万变的国际形势,全球各个国家政治、思想、文化方之间的交流碰撞日益强烈,社会主义思想道德建设面临着更加复杂的挑战,特别是西方文化思潮的大量涌入,对我国青年群体思想道德建设造成的巨大冲击和影响,使他们在一定程度上削弱了对中华民族传统文化和道德价值的认同感。

另外,现代科学技术的强力发展,在推动社会进步的同时,也给人类生活带来诸多负面影响。例如,各种高科技产品对伦理道德和法律的冲击,也对青年群体的思想道德提出了更高的要求。而社会主义市场经济的发展,在促进生产力、提高人民物质生活水平的同

---

① 徐东升,汲广运.沂蒙精神研究[M].济南:山东人民出版社,2017:281.

时,也极大地催生了青年群体对物质利益的追求,拜金思想、享乐思想和极端追逐个人利益的私欲膨胀等对社会发展产生了消极影响,在这种时代环境中,加强青年群体的思想道德建设,坚定共产主义理想,便成为一项尤为重要的任务。2001 年 9 月,中共中央印发《公民道德建设实施纲要》,号召全社会要"大力宣传和弘扬解放思想、实事求是,与时俱进、勇于创新,知难而进、一往无前,艰苦奋斗、务求实效,淡泊名利、无私奉献的时代精神,使公民道德建设既体现优良传统,又反映时代特点",成为指导新时期公民道德建设的纲领性文件,极大丰富了新时期思想道德建设的内涵。当今时代,衡量一个国家或地区是否文明进步的标准,早已不再仅仅指向其经济发展水平,同时还要评估这一国家或地区民众的思想道德水平和文明程度,特别是在推进中国式现代化建设过程中,更需要"用一种健康的精神把人民的力量凝聚起来,鼓励一切有利于国家统一、民族团结、经济发展、社会进步的思想道德,使广大干部和群众不仅具有共同的理想和奋斗目标,而且要保持强大的凝聚力和丰富的创造力。切实加强思想道德建设,对于全面建设小康社会、推动我国社会全面进步意义重大。"①

沂蒙精神作为一种先进的群体意识,其发展历程充分吸收和融合了中华民族优秀传统文化,同时又以独特鲜明的地域品格,成为中华优秀文化的重要组成内容,其所蕴含的崇高理想信念、原则立场、价值追求、人格品质、思想作风等,在当代社会是开展青年德育活动的优质资源和生动教材,其深厚的道德文化底蕴,不仅有助于提高当

---

① 徐东升,汲广运.沂蒙精神研究[M].济南:山东人民出版社,2017:280.

代青年的人文素质和道德水平,也深刻影响着他们树立正确的世界观、人生观和价值观。

弘扬沂蒙精神,在青年群体中强化其道德力量,要深入发掘沂蒙精神所蕴含的地域文化品格,大力宣传不同历史时期各个行业涌现出的道德模范人物和先进事迹,特别是青年模范人物的优秀表现。习近平同志指出:"要通过报纸、广播、电视和网络媒体全面深入地宣传报道劳模事迹,弘扬劳模精神,形成全社会实干的普遍共识和人们的行为常态。全国各族人民都要向劳模学习,以劳模为榜样,发挥只争朝夕的奋斗精神,共同投身实现中华民族伟大复兴的宏伟事业。广大劳动模范和先进人物要珍惜荣誉、再接再厉,爱岗敬业、无私奉献,做坚定理想信念的模范、勤奋劳动的模范、增进团结的模范。各级党委、政府和工会组织要高度重视劳模、关心爱护劳模,支持劳模发挥骨干带头作用,帮助劳模解决生产生活中的问题,广泛宣传劳模先进事迹,使劳模精神不断发扬光大。"①对各行各业爱岗敬业模范的宣传推介,能够使当代青年在为理想拼搏过程中,从这些青年模范人物的奋斗经历中获得更深共鸣,有效汲取他们的奋斗经验,获得前进力量,对其成长和发展具有深远的影响,有助于提升当代青年的人文素养、道德水准和思想境界。

弘扬沂蒙精神,加强新时代青年思想道德建设,需要高度重视青年群体的理想信念教育,使他们坚定党的领导和马克思主义信仰,坚定为中国式现代化和共产主义理想奋斗的决心与信心。"任何时代、任何社会都需要精神力量鼓舞人们前进。沂蒙精神作为一种先进的

---

① 转引自张勇. 中国梦实现路径研究[M]. 石家庄:河北人民出版社,2015:103 – 104.

思想意识和高尚的道德情操,其弘扬和发展是建设小康社会的自身要求。沂蒙精神形成和发展的历史,就是一部实践爱国,团结、诚信、奉献的历史。因此,沂蒙精神本身就是一部思想道德教育的生动教材。弘扬沂蒙精神是建设沂蒙特色文化、发展社会主义先进文化的重要内容。"①无数沂蒙青年从一代又一代为国家和民族解放事业而浴血奋战的共产党员及革命战士身上,充分感受到只有共产党才能救中国,只有共产主义才能改变劳苦大众的苦难命运,正是在这种坚定理想信念支撑下,他们克服一切困难,与中国共产党及其带领的人民军队建立一份血浓于水的感情,推动他们在社会发展的不同时期始终坚定不移地支持、拥护党的领导,贯彻落实党的方针政策,旗帜鲜明地接受爱国主义、集体主义和社会主义思想教育,这种对党的领导和人民军队一以贯之的信任与追随,对于加强当代青年思想道德建设有着重要的现实意义。

弘扬沂蒙精神,提升当代青年道德素养,还需要以先进的道德观念推动当代青年形成正确的幸福观。艰苦创业,是沂蒙人民的特殊品格,也是沂蒙精神丰富内涵的重要组成部分,体现了沂蒙人民自力更生、艰苦奋斗、坚韧不拔、顽强拼搏的良好精神风貌。在经济落后的旧社会,面对恶劣的生存环境,沂蒙人民与天斗、与地斗,为改造自然界付出了十分艰辛的努力。新中国建立后,沂蒙人民在党的带领下,更加积极地投身建设美好家园的奋斗历程中,涌现出了一大批艰苦创业的劳动模范,如"沂蒙新红嫂"朱呈镕、最美拥军人物于爱梅、新时代沂蒙扶贫"六姐妹"以及南北道救援队、无偿献血志愿者等一

---

① 徐东升,汲广运.沂蒙精神研究[M].济南:山东人民出版社,2017:291.

大批来自普通群众的先进典型,同时也涌现出了大量的中国好人、山东好人、省级道德模范等,这些各个行业的典型人物、沂蒙好人,虽然做的事情不同,但从他们身上都能看到沂蒙精神的光辉,进一步擦亮了"沂蒙人就是好"的形象品牌,展示了沂蒙人民的思想品格和道德意识。

弘扬沂蒙精神,要坚决抵制不劳而获、好逸恶劳思想,助力当代青年形成劳动创造幸福的正确幸福观和权利义务观。"沂蒙人民在任何情况下,总是以党和国家的利益为重,主动承担义务和责任,以自觉奉献为荣,以长期奉献为贵,以竭力奉献为乐,展示出崇高的思想境界和优秀的道德品质,生动地诠释和践行了公民应具有的思想道德素质。新时期深入弘扬无私奉献的沂蒙精神,牢固树立吃苦在前,享乐在后,奉献为荣、索取为耻,先人后己、克己奉公的高尚道德情操,对于提高广大公民的思想道德素质,形成正确的权利交务观念,具有强大的示范和引领作用。"①在当前推进中国式现代化建设过程中,大力弘扬沂蒙精神,要矢志不移地继承和发扬不同历史时期青年模范的优良传统和作风,学习他们的高尚情操,为当代青年倡树社会主义核心价值观,确立社会普遍遵循的道德规范,营造和谐的人际关系和新型健康的社会风尚。

总之,新时代弘扬沂蒙精神,助力青年德育教育,应当结合思想道德建设这一重要政治任务,充分挖掘沂蒙精神形成发展历程中的青年模范力量,提炼沂蒙精神凝聚人心、振奋人心、统一思想、凝聚力量的积极作用,引导当代青年正确判断行为得失、善恶美丑,推动社

---

① 徐东升,汲广运.沂蒙精神研究[M].济南:山东人民出版社,2017:292.

会主义思想道德建设深入持久地开展下去,助力当代青年更好地为实现民族复兴和个人发展梦想而奋斗。

二、倡导实干风尚

空谈误国,实干兴邦。中华民族历来追求和褒扬勤劳勇敢、求真务实的创业精神,这种积极进取又务求实效的精神,不仅是中华民族的传统美德,也是推动中国式现代化建设的重要力量。习近平同志指出:"面向未来,全面建成小康社会要靠实干,基本实现现代化要靠实干,实现中华民族伟大复兴要靠实干。"①"有没有新面貌,有没有新气象,并不在于制定一打一打的新规划,喊出一个一个的新口号,而在于结合新的实际,用新的思路、新的举措,脚踏实地把既定的科学目标、好的工作蓝图变为现实。"②一直以来,追求实干都是中国共产党的优良传统和赢得民心的重要法宝。历史和实践也不断证明,求真务实、真抓实干,使时代发展始终洋溢着积极向上的活力,实现中华民族的伟大复兴,必须大力弘扬实干精神,在实干中开辟未来、成就梦想。党的十八大以来,中国特色社会主义进入新时代,临沂地区各级党组织和广大青年深入弘扬沂蒙精神、传承红色基因,在共筑伟大梦想的进程中,积极重塑水乳交融、生死与共的党群和干群关系,在奋力开拓的同时,敢于担当、勇于争先,积极谋划和推进各项工作,实现了跨越赶超、后来居上,为沂蒙精神赋予了新时代内涵,因此,助力当代青年成长成才,也要继续倡导沂蒙精神时代新蕴中的实干风尚,把践行沂蒙精神真正落到实处,坚持全心全意为人民服务,

---

① 中共中央宣传部.习近平总书记系列重要讲话读本[M].北京:学习出版社,2014:33.

② 习近平.习近平谈治国理政(第四卷)[M].北京:外文出版社,2023:400.

脚踏实地、求实创新。

弘扬沂蒙精神，倡树实干风尚，从青年党员干部层面来说，一是端正从政理念，带头实干。"政如农功，日夜思之，思其始而成其终。"在干事创业过程中，要忠于职守，尽职尽责。"要以干好事、完成好本职任务作为恪尽职守的根本前提，以是否干好事、干成事作为衡量是否尽责、是否称职的根本标准。"① 二是脚踏实地，以实干立身，在干事创业过程中心无旁骛、真抓实干、目标坚定、全心全意，以干好实事获得职业成就感，以不辱使命获得内心满足。三是通过追求实效，获得人民群众的认可与拥护。同时，在树立正确实干观念的基础上，青年党员干部还要增强三种意识，即忧患意识、公仆意识和节俭意识。改革无止境，发展无坦途，在追求实干的道路上，需要正确预判和评估遇到的各种困难和挫折，在锐意进取的过程中，做到高屋建瓴、居安思危，提升自身处理危机的能力，进而牢牢把握工作的主动权。全心全意为人民服务作为党的宗旨，也要求青年党员干部在实干过程中，时刻树立公仆意识，不论处于何种环境，"都要与人民群众同呼吸、共命运、心连心，把全心全意为人民服务落实到发扬真抓实干、务求实效的工作作风中来，落实到着力解决人民群众最直接、最关心、最现实问题的行动上来。要身怀爱民之心，恪守为民之责，善谋富民之策，多办利民之事，真正做到情为民系、权为民用、利为民谋。"② 另外，还要增强节俭意识，发扬艰苦奋斗作风，防止人力、物力和财力浪费，杜绝"形象工程"和劳民伤财的"政绩工程"。"践行为民服务宗旨，保持同人民群众的血肉联系；履行勤政务实职责，求真务实、不玩

---

① 张勇.中国梦实现路径研究[M].石家庄:河北人民出版社,2015:97.
② 张勇.中国梦实现路径研究[M].石家庄:河北人民出版社,2015:97.

虚招,真抓实干、不务虚功,把工作的着力点放到研究解决改革发展稳定中的重大问题上,放到研究解决群众生产生活中的紧迫问题上;敢于善于担当,正视问题不回避,承担责任不推诿,直面矛盾不上交,把责任稳稳扛在肩上;保持清正廉洁,看事业重如山,视名利淡如水,怀一身正气、洒两袖清风,用三严三实标准严格要求自己,争当党和人民需要的好干部。"①作为新时代的青年党员干部,必须将这些融入历史长河的红色基因转化为干事创业的生动实践,以自己的实际行动践行沂蒙精神,推动中国梦的实现。

弘扬沂蒙精神,倡树实干风尚,从广大青年个人发展层面来说,需要强化诚实劳动意识。"人世间的美好梦想,只有通过诚实劳动才能实现;发展中的各种难题,只有通过诚实劳动才能破解;生命里的一切辉煌,只有通过诚实劳动才能铸就。劳动创造了中华民族,造就了中华民族的辉煌历史,也必将创造出中华民族的光明未来。必须牢固树立劳动最光荣、劳动最崇高、劳动最伟大、劳动最美丽的观念,让全体人民进一步焕发劳动热情、释放创造潜能,通过劳动创造更加美好的生活。全社会都要贯彻尊重劳动、尊重知识、尊重人才、尊重创造的重大方针,维护和发展劳动者的利益,保障劳动者的权利。要坚持社会公平正义,排除阻碍劳动者参与发展、分享发展成果的障碍,努力让劳动者实现体面劳动、全面发展。全社会都要热爱劳动、崇尚劳动,以辛勤劳动为荣,以好逸恶劳为耻,形成良好风尚。"②因此,社会要积极营造尊重各种劳动分工的风气。劳动没有高低贵贱,各种劳动分工都应获得社会的认可与支持。当今时代,在向中国式

---

① 张勇.中国梦实现路径研究[M].石家庄:河北人民出版社,2015:105.
② 张勇.中国梦实现路径研究[M].石家庄:河北人民出版社,2015:102-103.

现代化努力奋进的过程中,取得的一切辉煌成就都是由各行各业劳动者在不同劳动领域共同创造的,美好的中国梦在不同的劳动分工中孕育,也在不同的劳动分工中实现,社会要形成珍惜各种劳动、热爱各种劳动的风气,用每一位劳动者的辛勤付出浇灌伟大梦想。要积极弘扬劳模精神、发挥劳模带头作用。在社会主义建设的历程中,劳动模范在平凡的劳动岗位上创造了不平凡的业绩,铸就了"爱岗敬业、争创一流,艰苦奋斗、勇于创新,淡泊名利、甘于奉献"①的劳模精神,丰富了民族精神和时代精神的内涵,成为我们党和国家的宝贵精神财富,并在一代又一代劳动者中获得传承。沂蒙山区脱贫攻坚十年间,在当年"沂蒙母亲""沂蒙红嫂"等英雄辈出的地方,不断涌现出无数艰苦创业、无私奉献、勇于开拓、勤劳致富的先进典型,平邑县九间棚村克服常人难以想象的困难,在龙顶山上修公路、架电线、筑"天池"、植果树,使昔日穷山村成为艰苦创业的典型;罗庄镇沈泉庄农民王廷江,实干苦干,带领村民共同致富。作为沂蒙人的典型代表,他们以自己的实际行动,谱写一篇篇向贫困开战、艰苦创业、无私奉献的壮丽篇章,令伟大的沂蒙精神放射出耀眼的时代光辉。因此,广大青年要立足自身岗位,以高昂的建功立业意识,将时代梦想融入个人奋斗中,在工作中真抓实干,才能以自己宝贵的青春支撑起美丽坚实的中国梦,伟大梦想的实现需要建立在每一个人的辛勤劳动的基础上。

弘扬沂蒙精神,要着力培养当代青年的干事创业精神,在社会上形成实干与创新两翼齐飞的奋进风尚,进而推动中国梦这一宏图伟

---

① 王海亮. 当代中国劳模精神研究[D]. 哈尔滨:哈尔滨理工大学,2019:31.

业的实现。在党的带领下,通过践行沂蒙精神艰苦创业、无私奉献的崇高品格,凝聚青年力量,使他们增强求真务实的实干精神,树立昂扬向上的积极心态,消除部分青年"躺平""摆烂"状态,促动当代青年不怕困难、吃苦耐劳、艰苦奋斗、敢闯敢干,为他们实现梦想创造良好的成长成才环境,特别是宣传、发动各行各业涌现出的青年模范人物,为青年群体自主创业提供激励和帮助,助推更多青年在为国家发展和个人梦想拼搏奋进的过程中,积极克服遇到的各种困难和挫折,以沂蒙精神所蕴含的知难而进、坚忍不拔的艰苦奋斗精神和积极探索、勇于创新的敢闯敢干精神,鼓励当代青年勇敢战胜一切艰难险阻,和党同心同德,共同把中国特色伟大事业推向前进。

第三节　优化助力平台

　　沂蒙精神历经长期的社会实践检验,充分体现了社会主义建设与发展的时代精神,成为党和国家的精神平台及"三观"教育的宝藏,它历久弥新,烛照着广大青年和人民群众积极前行的道路。在同心共筑中国梦的过程中,深入发掘沂蒙精神的思政教育内涵,深化红色育人理念,优化学校育人平台,加强新时代沂蒙精神的宣传力度,优化品牌宣传平台,有力推动中华民族伟大复兴的前进步伐。

一、学校育人平台

青年是党和国家社会主义建设事业的接班人与继承者,更是实现中国梦的强大力量支撑。习近平同志指出,青年最富有朝气和梦想,中国梦归根结底是属于青年的梦,从而深刻阐释了中国梦与青年思想政治教育的内在一致性,体现了当代青年在践行中国梦道路上肩负的社会责任和历史使命,也从根本上为青年思想政治教育指明了前进的方向,提出了明确的要求。在当代青年思想政治教育中,要进一步弘扬沂蒙精神,探索沂蒙精神与青年教育的切实融入点,坚定当代青年对社会主义发展道路的信念,有效提升当代青年对实现伟大复兴中国梦的决心与信心,使他们更加积极主动地参与到践行中国梦的伟大实践中来。思想政治教育就是通过不断的引导,让中国青年认识到正确的价值观是在于可以为社会主义的发展贡献出全部的力量,鼓励青年要积极投身社会主义建设中,使自我价值获得社会的认可,才能更好地实现自我价值。① 为了确保当代青年的自我价值实现和社会价值实现能够形成统一的价值取向,从弘扬沂蒙精神具体路径来说,对青年人开展思想政治教育,不能仅靠简单空洞的说教,而是要符合青年人的年龄特点,实事求是地开展充满时代气息、符合生活规范的规则、诚信、法纪和理想信念等教育。

(一)政府和学校要以充足的资金投入,保障青年思政教育工作持续有效的开展和推行

地方经济发展水平的高低,地方政府和各级各类学校对思政

---

① 陈思思.中国梦视域下的青年思想政治教育研究[D].哈尔滨:哈尔滨理工大学,2018:67-68.

教育工作的重视程度，都会影响到思政教育的顺利开展及成效，因此，地方政府应结合本地经济发展状况，按照党中央对思政教育工作的部署要求，做好长期规划，合理设计经费投入比例，有计划、有步骤地逐步增加思政教育投入力度，为思政教育实践提供必要的经济支持和保障。同时，为确保此项资金的专款专用与合理运用，地方政府还需制定行之有效的监督监管措施。另外，除了政府经费投入，各级各类学校也要根据自身创收情况和课程建设实际，对青年思政教育工作加大投入力度，积极完善思政教育教学的硬件设施，加强思政教育师资力量。为扩大资金来源，各级各类学校可以积极争取社会力量支持，使他们也认识到人才培养不仅是政府责任和学校使命，也是全社会共同承担的义务，积极投资教育更是地方经济社会长期稳定发展的重要保障。例如，地处沂蒙山区，以大力弘扬沂蒙精神，凸显办学特色的临沂大学，在积极探索思政教育实施路径方面，即投入各种专项经费在校园内建设起了沂蒙红色非物质文化遗产展馆、山东革命根据地北海银行博物馆以及沂蒙精神长廊、溯园和各种红色雕塑等红色文化景观，临沂大学图书馆也建设起了专门的红色文献收藏中心。另外，临沂大学还拥有红色文化与沂蒙精神研究基地、山东省大中小学红色文化传承研究指导中心等教科研平台，在学报、校报开辟了沂蒙精神育人专栏等，用心打造了沂蒙大讲堂、书香校园等特色文化品牌项目，在全面推进红色文化"润校园"建设，成功营造了沉浸式红色教育育人氛围，吸引了全国各地高校和机关单位来校参观交流，为学校创造了良好的发展机遇。美丽的临沂大学既是大学生生活学习的良好场所，也是红色育人与沂蒙精神传承研究的重要阵地。

（二）地方政府和社会力量要积极参与地方资源的整合开发，使之向教育资源转化

丰富多元的地方文化资源在管理上存在多重性，因此，要实现地方文化资源向青年思政教育资源的转化，既需要地方政府的统筹规划和协调安排，也需要企事业单位、民间团体等相关组织的积极配合与支持。例如，对地方德育资源的开发，就需要地方政府的整体规划，才能调动起社会各种力量参与此项工作的积极性，从而在多元资源主体的密切协作与有机融合众，为地方资源德育功能的深入挖掘与开发提供重要保障。例如，近年来，在凝心聚力实现中华民族伟大复兴中国梦历程中，临沂市政府高度重视沂蒙精神研究，通过举行各种红色基因传承学术研讨会，举办"沂蒙精神百校行"志愿宣讲团，开办沂蒙精神宣讲培训班，修编中小学沂蒙精神教育读本，评选沂蒙精神好少年等，积极探索建设"红色文化传承所"，创新开展了以"习总书记讲话学起来"为核心的"七讲七进"活动。据不完全统计，累计宣讲 1.2 万余场受众 360 多万人。此外，全市征集二百多个"践行沂蒙精神先进典型事迹"，培树郯城一中女子足球队、新时代沂蒙扶贫"六姐妹"、时代楷模王传喜、王成龙，新时代企业家楷模赵志全、新时代乡镇党委书记的楷模许步忠等全国品牌，引导广大党员干部群众以榜样为标杆，自觉传承践行沂蒙精神，孵育思政教育。

（三）在大力推行红色育人、深化思政教育工作中，充分地方高校和德育教师的主导作用

学校和思政课程教师是德育教育资源的直接使用者，他们的主动性、创造性直接决定着这些资源德育教育价值实现的程度，影响着

实践教学的实效性。地方高校还要建立思想政治理论课实践教学资源建设的长效机制,这是青年学生德育教育长期稳步开展的重要保障。高校要加强对实践教学资源建设的领导。可以通过成立由校领导、课程负责人、任课教师、学生代表等组成的课程资源开发领导小组,负责完善实践教学资源数据库,组织和协调实践教学,并进行监督和管理,评价与考核。要建立和完善校内协调机制。要与学院各专业系部保持密切联系,利用实习、实训等社会实践活动的有利机会,适当穿插安排思政理论课实践教学项目,从而既节约了经费开支又提高了教育的灵活性、有效性。同时,学校团委、学生处等也要在党建、团建、社团活动等社会实践中,积极配合思政课实践教学的开展。要建立有效可行的激励机制。科学的激励机制是调动一切有利因素和各种力量积极性的重要举措,在课程教学资源建设中也是如此。学校可以通过给予辅导员、班主任以及其他教师一定的物质或荣誉的奖励,激发他们参与实践教学资源开发的积极性,以解决课程教师力量不足的问题,以协助教师共同实施和完成实践教学。

另外,还要积极发挥思想政治理论课教师在实践教学资源建设中的主导作用。高校思想政治理论课面临的最大困境就是实效性的缺失,加强教师在开发运用实践教学资源过程中的主导作用,使思政基本理论与沂蒙精神等地方宝贵资源相结合,有助于青年学生在实践活动中,通过梳理整合地方文化资源,加深对沂蒙地域精神品格的了解和认识,增强对中华传统文化遗产的珍视和保护意识。同时,丰富多彩的实践活动,也可为青年创造接触和了解社会的机会,有助于培养和提高他们团结合作的意识和社会活动能力,为未来就业打下坚实的基础。而通过提炼运用沂蒙精神资源开展实践教学,还能加深青年对理论知识的理解,实现理论和实践的有机结合,增强思想政治理论课教学的实效性,促进高校思政教育教学目标的实现。因此,思政课教师作为实践教学资源的直接和最终的实施者,在实践教学资源建设中发挥着主导作用,必须对其足够重视,采取多种措施和机制来调动学校思政教师的主观能动性。思政课教师自身也要进一步强化"以学生为本"的理念,不断完善自身的知识与能力结构,努力提高马克思主义理论素养和思政课教学水平,通过整合开发沂蒙精神时代新蕴,不断吸收提炼其所具有的德育教育质素,将其融入思政课实践教学过程,拓展和丰富思政课教学内容,同时,积极探索转变传统的"老师教,学生学"的陈旧教学模式,结合地方文化开展实践教学,使青年在对历史遗址、遗迹、文物、文献等的感性认识基础上,对地域文化的价值取向、道德风尚、精神品格等形成理性认识,产生思想的共鸣,在潜移默化中使思想觉悟和道德水平得到提升,精神境界得到升华,从而增加思政课程的灵活性、趣味性、教育性,增强思政理论知识教学的感染力和说服力,促进德育教育模式、手段、组织形式等的全面变革,充分发挥大学生在课程学习中的主体作用,激发青年学习思政知识的积极性和热情,达到高校思政课教学的预期目标和要求。同时,还可以促使青年在继承地方优秀传统文化的基础上,根据时代和社会发展的需要,进行文化资源的拓展和创新,构建社会主义新文化,致力于发展文化产业,用实际行动实现地域文化的传承和发展,成为地方文化产业发展的开创者和重要人才。学校也要通过优化实践教学指导教师队伍结构,积极组织以学工队伍、思政工作者和思政课教师为主力的团队,实现各种力量的互动和聚合,真正发挥团队合力的巨大作用。

（四）临沂大学施之有效的"红色育人工程"

坐落于沂蒙革命老区的临沂大学,多年来根植于沂蒙文化沃土,大力弘扬沂蒙精神,积极传承红色基因,积淀形成了"明义、锐思、弘毅、致远"的校训和"实"的校风,铸就了"有信仰、能吃苦、善创新、敢担当、乐奉献"的临大特质,以及"团结包容、崇实尚贤、艰苦创业、勇于争先"的临大精神,凸显了学校浓厚的红色基因传承和独特鲜明的办学特色,特别是学校积极探索实施的"红色文化育人工程",已然成为革命老区兴办大学的红色文化育人品牌。作为沂蒙精神哺育成长起来的革命老区大学,临沂大学充分发挥沂蒙精神育人价值,把红色文化资源融入校园文化、人才培养、科学研究、社会服务、党性教育,坚定不移地推动沂蒙精神进教材、进课堂、进头脑,将红色文化融入办学育人全过程。其中,十分重要的是,临沂大学在实施"红色文化育人工程"中,始终注重对育人路径和融入实效的探索研究。学校在诸多课程的具体教学中深入挖掘沂蒙精神的育人内涵,将红色教育与国家课程、地方课程深度融合,构建起"弘扬沂蒙精神"系列课程体系,开设校本必修课"沂蒙文化与沂蒙精神"课程,着力打造"红色沂蒙'思政课,将红色文化作为加强和改进思想政治理论课的生动载体,使思想政治理论课教学内容"实起来"、教学方法"活起来"。同时,将红色文化融入各专业教学体系,让沂蒙精神浸润到书本里,呈现在课堂上,融化到心里面,实现思想政治教育与知识体系教育的有机统一。如在音乐教学中开设红色艺术欣赏,在历史教学中贯穿沂蒙精神与时代精神教育,在中国现当代文学教学中融入沂蒙军民水乳交融、生死与共的故事。并且,临沂大学将沂蒙精神深度融入教育部规定的四门思想政治理论课中,面向全校学生开设了具有本土特色的必修课"沂蒙文化与沂蒙精神",编写了校本教材《沂蒙精神大学生读本》《沂蒙文化史》和《沂蒙红色文化概论》,开展了各种系统性、专题性的沂蒙精神教育,讲好"中国故事""沂蒙故事""临大故事",充分推动新时代沂蒙精神融入教材,使思想政治理论课教学内容更加鲜活生动。学校还积极打造红色文艺育人品牌项目,充分利用歌剧、舞剧、话剧等艺术形式,把红色文化"唱出来""演出来",达到润物无声的育人效果。组织师生自编自导自演交响乐《沂蒙畅想》、舞台剧《沂蒙印象》、情景剧《沂蒙情深》、话剧《沂蒙母亲》、艺术党课《初心》等,打造了山东省泰山文艺奖一等奖作品舞剧《渊子崖》和民族管弦乐《沂蒙史诗》,其中《沂蒙史诗》入选2022年高校原创文化精品推广行动计划。

在沂蒙精神融入社会实践方面,临沂大学把传承红色文化社会实践纳入教学整体规划,建立健全长效机制,策划打造"走、下、唱、写、建、训"六位一体的实践活动,让学生以实际行动践行革命精神。"走",即组织学生到红色革命教育基地,切身接受革命传统教育,强化认同感;"下",即组织学生下基层,走进城市社区、企业和农村一线,开展社会调查,增进真情实感;"唱",即组织师生开展爱国歌曲合唱比赛,激发大学生的爱国主义情怀;"写",即开展传统革命精神为主题的写作比赛,深化大学生对沂蒙精神的认知;"建",即成立红色文化班级,建立学生社团组织,以"青马工程"为依托,开展红色文化为主题的社团活动;"训",即将中国共产党革命的光荣传统融入大学生国防教育,开展新生军事技能训练,提升学生国防观念,形成了红色文化实践育人的有效途径。通过走进红色基地,强化实践育人,临沂大学充分利用地方红色文化资源富集优势,深入挖掘红色主题思政教育元素,把传承红色文化社会实践纳入教学整体规划,建立健全长效机制,打造"行走的思政课堂"。有计划、有针对性地组织开展各类红色主题的社会调查、志愿服务、公益活动等,深入红色教育基地、革命老区等开展实践锻炼。广泛开展重走红色足迹、追溯红色记忆、访谈红色人物、挖掘红色故事、体悟红色文化等多种形式的活动。连续四年承办高校老区行活动,参与高校达102所。组建"重走抗大路,砥砺报国志"专项团队,历经陕西、山西等4省9市/县,跨越4000余里。组建"赓续红色血脉,追寻红色足迹"学党史实践团,横跨15省62市/县,跋涉6413公里,奔赴延安、西柏坡、遵义等地学习党史,引导学生牢记初心使命,强化责任当担,走好新时代的长征路。①

　　总之,实现中华民族伟大复兴中国梦,需要更多有担当、敢作为的青年积极投入和贡献力量,而青年思路清晰、活力四射,故而需要社会动员各级教育部门,集结学校、家长、社会等各方面力量,以红色文化精神合力培育青年成人成才。各级学校要充分发掘包括"沂蒙精神"在内的各种红色文化资源,探索其在鼓舞青年追梦过程中表现出来的独特功能和价值,通过更新教育观念、变革和充实教育内容,积极创造条件,培育和坚定青年志存高远、勇于担当的理想信念,积极引导广大青年在传承沂蒙精神等优质红色基因的过程中,把个人思想激情、热情和力量,全部融入到实现中国梦的学习与实践中,在为理想奋斗和建设中国特色社会主义的康庄大道上,勇于担责、尽职尽责,立足岗位,建功立业。

---

① 白金山,谢成才.临沂大学——沂蒙精神铸就红色育人品牌[N].大众日报,2022-4-26(15).

二、红色品牌平台

沂蒙精神"党群同心、军民情深、水乳交融、生死与共"科学内涵的确立,为新时代深入弘扬沂蒙精神指明了方向,也为当代青年更好地传承沂蒙红色文化资源提供了遵循。为了更加有效地将沂蒙精神科学内涵贯穿到当代青年群体的工作与生活中,新时代弘扬沂蒙精神,需要结合现代技术和青年群体成长成才需求,将相对抽象的理论内涵铸练打造为各种便于青年群体理解和接受的红色品牌,以品牌带动伟大精神,助力青年梦想实现。

(一)弘扬沂蒙精神,推动中国式现代化建设进程,在助力当代青年发展方面,要深入挖掘提炼"党群同心"品牌,使青年群体更加直观、深入地感知党爱民、民爱党的优良传统

沂蒙精神作为一种典型的红色革命精神,其核心要旨就是党群同心宝贵品质,党群同心带动军民情深,进而在同仇敌忾、共同抗战的艰难岁月和不怕困难、艰苦创业的社会主义建设中,升华为水乳交融、生死与共的伟大精神力量。"沂蒙精神践行和展现的忠诚担当、一心向党的鲜明标识,正是伟大建党精神对党忠诚、不负人民的具体生动体现。沂蒙精神映照着党的初心使命、诠释着党的性质宗旨,历经岁月磨砺而放射出更加灿烂的光芒。立足新时代社会主义现代化强省建设新阶段,需要我们大力弘扬和彰显新时代沂蒙精神,激发推动经济社会发展的正能量,汇聚形成山东走在前、开新局的强大动能品牌。"①因此,在对青年群体中开展的党性教育,要着力凝练、打造沂蒙精神形成和发展过程中出现的先进"党群同心"事迹,将更加适

---

① 白玉刚.让沂蒙精神在新时代发扬光大[N].学习时报,2022-7-18(A1).

用于当代青年学习求知的现代数字技术,引入这些反映党群同心关系的党史故事和先进模范人物爱民爱党的优秀事迹中,以当代青年喜闻乐见的方式开展党史学习教育,并使这种教育活动形成常态化和长效化学习机制。在开展青年思想教育工作中,要着力培养青年群体服务于民和坚持以人民为中心的意识,把凝聚民心作为个人工作的出发点和落脚点。要树立大局意识,把沂蒙精神党群同心内涵作为青年群体政治生活的必修课,以及新入职人员的第一课,做好各类意识形态阵地监督管理工作,使之始终成为弘扬沂蒙精神、传播党群同心观念的坚强阵地。要开展各种教育实践活动,推动沂蒙精神进机关、进学校、进企业、进社区、进农村、进军营,不断增强青年群体的政治判断力、政治领悟力、政治执行力。坚持不懈推进自我革命。认真贯彻落实新时代党的建设总要求,用好党推进自我革命的宝贵经验,纵深推进全面从严治党,不断增强党的政治领导力、思想引领力、群众组织力、社会号召力。要通过丰富的社会实践,使当代青年更深入地了解沂蒙精神的时代内涵,并将其转化为个人行动的准则和动力。要树立青年典型,发挥青年模范作用,使青年群体在这些模范人物身上切实感受到党群同心对于理想实现的重要推动作用,强化当代青年的社会主义核心价值观,坚定为国家和人民利益奋斗不息的理想信念。

(二)弘扬沂蒙精神,助力当代青年成长成才,要深入挖掘提炼"军民情深"品牌,使青年群体更加直观、深入地感知党领导下的人民军队忠诚于党、心怀于民的崇高品格

沂蒙精神是在齐鲁文化和中华民族精神共同滋养下铸就的精神丰碑,始终承继着保家卫国的中华优秀传统文化。革命战争时期,山

东党政军民团结一心、不畏强敌、敢于斗争、敢于胜利,书写了大青山突围、渊子崖保卫战等英勇事迹,涌现出沂蒙母亲、沂蒙红嫂等一大批先锋模范人物,生动诠释了沂蒙军民不畏强敌、不怕牺牲、敢于斗争的精神品质。这些精神品质的背后,是缺枪少弹靠拼刺刀冲锋陷阵的英勇战士,是课堂在路上、写字在地上、桌子就在膝盖上的抗大学员,是跳入冰河、搭起人桥的支前妇女……他们坚定信仰不动摇、为了胜利不怕死、执着革命不觉苦、勇于担当不退缩,彰显了革命到底、敢于斗争的英雄气概。沂蒙精神折射和彰显的党和军队舍生忘死、敢于胜利的斗争精神、沂蒙人民无私忘我的境界,无不是伟大建党精神不怕牺牲、英勇斗争的具体生动体现。革命战争年代,沂蒙人民在艰苦卓绝中走向胜利,源于党的领导,更源于人民群众的力量。共产党、八路军吃的是乡亲们筹的粮,住的是老百姓让的房,穿的是红嫂们缝的衣,受伤躺的是民工抬的担架,遇到危险靠的是群众掩护。"在共产党的召唤和带动下,饱受几千年封建压迫的劳苦大众实现了主体意识的觉醒,开始当家作主,迸发出无穷智慧和力量,推动着历史的车轮滚滚向前。"①伟大壮烈的沂蒙精神中所蕴含的军爱民、民拥军,军民鱼水情深的优良传统,谱写了中华民族的大义大爱,也成为伟大建党精神"践行初心、担当使命"的重要内容和生动体现。因此,加强军民情深品牌建设,要抓牢做实青少年国防军事教育。党的事业血脉永续、薪火相传,主要在青年,青年强则国强与军强,青年对党忠诚,则军队对党忠诚。各级地方政府要积极建设青年国防军防教育基地,定期组织开展传承红色精神、争做时代青年等主题教育

---

① 白玉刚.让沂蒙精神在新时代发扬光大[N].学习时报,2022-7-18(A1).

活动,让老红军、老战士、老专家、老干部等先进模范人物,宣传介绍个人所经历的军民情深故事和动人事迹,做传承红色精神的"好园丁",坚定青年爱党爱军的思想认同,使红色精神真正融入每一个青年的血脉与心中,让沂蒙精神成为当代青年笃志前行的信仰力量,同时也为新时代中国价值和青年成长成才注入沂蒙力量。当今时代应以史鉴今、资政育人,以宏大的历史视野,回顾可歌可泣的沂蒙革命史,以深刻的理论视角阐述"忠诚看齐、献身信仰、党群一心、奋斗到底"①的启示意义,充分诠释了沂蒙精神从胜利走向胜利的时代价值。在党中央关怀和指导下,目前沂蒙精神教育基地建设工作已取得很大进展,特别是深入体现军民情深内涵的一些教育场所建设,每年节假日都吸引了很多青年前来参观学习。临沂市红色旅游工作中开发了全国重点红色教育景区,其中包括孟良崮战役纪念馆、华东革命烈士陵园等。此外,临沂市还陆续组织建成了多处沂蒙精神教育基地,并对于革命时期沂蒙地区的主要红色文化遗迹进行了修缮,其中包括八路军师司令部旧址、新四军军部旧址等。红色旅游与沂蒙精神教育基地的有效结合,开辟了一种传承和弘扬沂蒙精神的新途径,使得沂蒙精神在宣传爱国主义教育等方面继续发挥着重要的作用。沂蒙精神教育基地作为爱国主义教育和传承优秀革命精神的重要平台,也是我国施行精神文明建设的重要环节。其中,特别是针对青少年开展的思想政治教育和针对广大党员干部开展的党风廉政建设。总之,沂蒙精神教育基地的开发提升,对于培养具有沂蒙精神崇高品格的时代青年和青年党员干部发挥了十分积极的作用,也极大

---

① 王玉君.弘扬沂蒙精神奋力走好新时代的长征路[N].学习时报,2018 – 06 – 20(A8).

增强了党和军队与人民群众之间水乳交融、生死与共的血肉联系。

（三）弘扬沂蒙精神，助力当代青年成长成才，要积极打造提升地域革命文化品牌

"山东是中华文明的重要发祥地之一，以仁为内核的价值取向，以忠为标志的爱国情怀，以义为特征的做人品格，积淀形成了山东人民忠诚爱国、敦厚淳朴、坚忍不拔、勤劳勇敢的鲜明个性。这种地域文化继承了家国情怀的优秀传统文化，经过革命战争的洗礼和考验，熔铸为一种既有历史渊源、优秀传统，又有鲜明时代特点、地域特色的人文精神。"①新时代继承和弘扬沂蒙精神，要充分发挥沂蒙地域革命文化品牌对青年群体的激励和引导作用，发掘利用沂蒙地区丰富的革命文化资源，特别是近代以来的革命历史资源，开展各种特色的青年革命文化旅游或游学活动，使得沂蒙革命文化被青年群体真正触摸感受，进而内化于心。引入各种数字化传播方式，开展沂蒙革命文化宣讲活动，提高沂蒙革命文化的时代影响力，使其成为广大青年熟知的中华民族精神。通过开展各种沂蒙革命文化实践活动，推动当代青年思考、探索运用革命文化资源解决现实问题的路径。树立革命文化典型，特别是当代革命文化典型模范，激励青年群体理解接受沂蒙革命文化中忠诚坚定、爱国奉献、勇敢不屈的崇高品格，帮助他们树立正确的世界观、人生观和价值观，坚定为实现伟大复兴中国梦而努力奋斗的理想信念。同时，在党建方面，也要将沂蒙革命文化融入其中，铸造革命文化党建品牌，结合时代梦想，深入贯彻落实习近平新时代中国特色社会主义思想，使沂蒙精神成为文化积淀的

---

① 赵准.从精神源头和文化根脉理解沂蒙精神[M].大众日报,2021 – 11 – 09(08).

精神追求和时代青年马克思主义思想壮大的丰厚滋养,增强对红色基因的认同感、获得感、幸福感。对此,山东省政府已经有所探索,先后出台实施《山东省红色文化保护传承条例》《关于大力弘扬沂蒙精神的意见》等一批重要政策法规,成立创办山东沂蒙精神研究会、沂蒙干部学院、《沂蒙干部学院学报》等一批重大支撑平台,推出《沂蒙精神志》《沂蒙精神与群众路线研究》等一批重大研究成果,与中央媒体等单位联合举办一系列高层次研讨活动,为传承弘扬沂蒙精神奠定了坚实基础。新时代大力传承弘扬沂蒙精神,要求我们必须深刻领会和准确把握沂蒙精神的丰富内涵、深邃要义,从中汲取历史智慧、精神力量,努力将其转化为新时代社会主义现代化强省建设的强大动力和生动实践。另外,传承沂蒙革命文化,还要做实基础工程建设。例如,结合沂蒙革命遗址的保护利用,可以着力打造当代青年党性教育基地,通过编写特色教材、创新现场教学模式,通过开展红色故事会、访谈式教学、体验式教学等多种教学方式,让广大党员干部到沂蒙寻根问本、锤炼党性。同时,通过组织开展理想信念教育,到革命老区接受红色教育,洗涤思想灵魂,坚定理想信念,将红色文化作为一项重要内容,纳入公务员职业道德建设工程,打牢为民、务实、担当的职业素养。①

(四)弘扬沂蒙精神,助力当代青年成长成才,要积极整合沂蒙红色文化资源,打造更多沂蒙精神文化产业品牌,拓展和深化沂蒙精神教育内容,为当代青年实现梦想,创造更加良好的成长成才环境

沂蒙地区红色文化资源丰富,是开展青年教育的重要区域,如何

---

① 白玉刚.让沂蒙精神在新时代发扬光大[N].学习时报,2022-7-18(A1).

最大限度地发挥这些优秀教育资源,需要从整体上做好资源规划,通过创建沂蒙精神文化产业品牌,能够切实推动沂蒙精神更加广泛的传播与发展,并为地方经济建设创造发展契机。沂蒙革命老区的革命遗址和可歌可泣的革命故事,既是宝贵的精神财富,也是红色文化产业的重要资源,从而为影视及文艺传媒业提供了丰富的素材,带动了文化旅游业、传媒业的发展。"以文化促旅游业发展,以旅游业促文化传播,已经成为当前现代文化产业的新的发展趋势。"①在具体实施过程中,需要探索更利于青年群体接受的宣传和营销方式,使沂蒙精神文化产业品牌更具有时代气息,契合青年群体成长成才需要。目前,地方政府在沂蒙精神文化产业品牌开发与建设方面,已经进行了一些行之有效的探索尝试,临沂市在进行沂蒙精神文化产业建设的工作中,从整体谋划,立足长远目标,统筹协调政治、经济、文化和社会各个方面的优势资源,开创了沂蒙精神文化产业建设的新局面。尤其是在文化产业建设的宣传工作方面,创新宣传方式和手段,实现报纸、电视、互联网等全方位立体覆盖。同时积极开展各种社会实践性质的宣传和教育活动,让人们切实感受到沂蒙精神文化产业的魅力和价值所在。沂蒙精神文化产品的开发是其文化产业建设的重要内容。临沂市创作了一大批优秀的反映沂蒙精神的影视文化作品,其中包括《红嫂》《沂蒙颂歌》等大家耳熟能详的文化节目和作品。这为临沂地区的文化和经济发展带来了巨大收益。要拓宽与创新沂蒙精神传播途径,为推动中国梦的实现营造现代多元的交流氛围。在今后沂蒙精神文化产业品牌建设中,还需进一步更新宣传理念和

---

① 安盈洁. 沂蒙精神及其时代价值研究[N]. 兰州:西北民族大学,2014(25).

方式,使之融入更多青年元素,特别是要积极纳入各种先进的数字技术,将传统宣传媒介升级为数字智能化电子宣传方式,以利于青年群体更好地利用碎片化时间进行观看和学习,和其他文化产业平台抢占互联网等新媒体阵地。随着科学技术的发展,计算机应用和互联网的普及,网络越来越成为人们生活中重要的信息来源。特别是对于广大青年,互联网甚至成为他们主要获取和传递信息的渠道。因此,以倡导爱国主义教育为核心的沂蒙精神,应积极地寻求通过各种新的媒体,以群众喜闻乐见的方式进行宣传和教育。沂蒙精神的品牌效应在一定程度上也带动了旅游业、传媒业等一系列文化产业的发展,是第三产业的重要组成部分,成为国民经济新的增长点和助推器。①

　　总之,继承和弘扬伟大的沂蒙精神,助力当代青年成长成才和梦想实现,需要充分发掘沂蒙精神时代新蕴,创建沂蒙精神文化品牌,在沂蒙红色文化资源整合和现代数字技术宣传中,增强当代青年对沂蒙精神崇高品格的认知与体验,加深对中国特色社会主义的思想认同、理论认同和情感认同,增强道路自信、理论自信和制度自信,始终保持党群同心、实干创新,不为任何风险所惧,不为任何干扰所惑,坚定当代青年为实现伟大复兴中国梦而积极奋斗的理想信念。

---

① 安盈洁. 沂蒙精神及其时代价值研究[N]. 兰州:西北民族大学,2014(25).

参考文献

[1]爱党爱军 开拓奋进 艰苦创业 无私奉献——"沂蒙精神与社会主义核心价值体系建设研讨会"发言摘登[N].光明日报,2012.06.04(07).

[2]安盈洁.沂蒙精神及其时代价值研究[D].兰州:西北民族大学,2014.

[3]白金山,谢成才.临沂大学——沂蒙精神铸就红色育人品牌[N].大众日报,2022-4-26(15).

[4]白玉刚.让沂蒙精神在新时代发扬光大[N].学习时报,2022-7-18(A1).

[5]柏建波,李建始终把人民利益放在第一位 全心全意为人民谋幸福办实事[N].临沂日报.2020.04.16(01).

[6]本报评论员.不断结合新的时代条件发扬光大沂蒙精神[N].人民日报,2021-11-04(004).

[7]本报评论员.弘扬沂蒙精神 临报评论:从沂蒙精神中汲取不

竭动力[EB/OL].临沂文明网(2022－06－06)[2023－4－25]http://ly. wenming. cn/jjym/202206/t20220606_7648339. html.

[8]本书编写组.高举中国特色社会主义伟大旗帜为全面建设社会主义现代化国家而团结奋斗 在中国共产党第二十次全国代表大会上的报告[M].北京:人民出版社,2023.

[9]A. B. 彼得罗夫斯基.年龄与教育心理学[M].北京师范大学教育系心理学教研室,1980.

[10]H. 布宁诺夫,文献良.六十年来苏联青年问题的研究和发展趋势[J].国外社会科学,1983(11):76－79.

[11]常连霆,中共山东省委党史研究室.中共山东编年史(第15卷)[M].济南:山东人民出版社,2015.

[12]陈思思.中国梦视域下的青年思想政治教育研究[D].哈尔滨:哈尔滨理工大学,2018.

[13]崔维志,唐秀娥.山东解放战争纪实[M].北京:中国文史出版社,1995.

[14]单庆.罗庄有个王廷江[J].党建,1992(12):22－23＋26.

[15]董克昌.大金诏令释注[M].哈尔滨:黑龙江人民出版社,1993.

[16]费孝通.行行重行行 1983－1996(合编本)下[M].生活·读书·新知三联书店,2021.

[17]冯增田.战斗力和生产力[N].人民日报. 2005－08－29(4).

[18]郭海燕,刘艳军.全球化与当代青年价值观(三)——全球化视域下当代青年人生价值观的特点及其发展趋向[J].教育艺术,

2003(10):8-11.

[19]郭沫若.郭沫若文集 第11卷[M].北京:人民文学出版社,1982.

[20]韩延明.撼论沂蒙精神的本源、本质、本色与本分——学习领悟习近平总书记关于沂蒙精神的重要论述[J].理论学刊,2019(1):48-55.

[21]胡锦涛.在共青团十四届四中全会上的讲话[N].中国青年报,2001-2-19(01).

[22]胡锦涛.在庆祝中国共产党90周年大会上的讲话[N].云南日报,2011-07-02(01).

[23]胡锦涛.在庆祝中国共产党成立90周年大会上的讲话[M].北京:人民出版社,2011:28.

[24]胡锦涛.在全国加强和改进大学生思想政治教育工作会议上发表重要讲话[N].光明日报,2005-1-19(01).

[25]胡志刚.教育时机论[M].哈尔滨:黑龙江人民出版社,2003.

[26]黄志坚.青年学[M].北京:中国青年出版社,1988.

[27]江泽民.在纪念中国共产主义青年团成立八十周年大会上的讲话[N].新华每日电讯,2002-05-16(001).

[28]姜廷玉.沂蒙精神的历史基础和深刻内涵[J].炎黄春秋,2018(10):64-66.

[29]焦向英,冯克诚,申杲华,班主任管理手册[M].北京:开明出版社,1996.

[30]教传福.论社会主义公有制与管理经济责任制[M].沈阳:

辽宁人民出版社,1993.

［31］邝海春.论青年范畴［J］.青年研究,1986(12):20-22.

［32］李炳海.楚辞与东夷族的龙凤图腾［J］.求索,1992(05):78-82.

［33］李国祥,杨昶.明实录类纂 浙江上海卷［M］.武汉:武汉出版社,1995.

［34］李浩源.沂蒙精神形成基础研究［D］.曲阜:曲阜师范大学,2019.

［35］李锦.大转折的瞬间 目击中国农村改革［M］.长沙:湖南人民出版社,2000.

［36］李维庆,山东省莒南县地方史志编纂委员会.莒南县志［M］.济南:齐鲁书社,199.

［37］廉思.中国青年发展(1978—2018)［M］.北京:社会科学文献出版社,2019.

［38］梁梁.中国梦的本质是国家富强、民族振兴、人民幸福［EB/OL］.中国共产党新闻网(2018-08-27)［2023-5-4］.http://cpc.people.com.cn/n1/2018/0827/c223633-30253433.html.

［39］临沂地区出版办公室.沂蒙风物史话［M］.济南:山东人民出版社,1980.

［40］临沂地区史志办公室.临沂百年大事记［M］.济南:山东人民出版社,1989.

［41］临沂市地方史志办公室.临沂年鉴(1995)［M］.济南:齐鲁书社,1997.

［42］临沂市地方志办公室.蒙山志［M］.济南:齐鲁书社,1999.

[43]临沂市地名委员会办公室.临沂市地名图册[M].北京:星球地图出版社,2000.

[44]刘刚,李永敏.青年发展指标体系构建及测量方法[J].当代青年研究,2011(1):52-60.

[45]刘朴等译.八十年代世界青年问题[M].北京:中国对外翻译出版公司,1985.

[46]刘彦芝,徐晓丽."红嫂精神"代代传——临沂市妇联文知星幼儿园红色教育特色活动[J].山东教育,2019(9):65.

[47]柳建辉.弘扬沂蒙精神座谈会发言摘登[N].大众日报,2022-06-30(04).

[48]马奔,叶紫蒙,杨悦兮.中国式现代化与第四次工业革命:风险和应对[J].山东大学学报(哲学社会科学版),2023(1):11-19.

[49]马恒祥.中国乡镇—山东卷(下)[M].北京:新华出版社,1992.

[50]毛泽东.毛泽东选集 第五卷[M].北京:人民出版社,1977.

[51]牟欣.抗战时期的沂蒙老区识字班[J].山东档案,2015(6):22-25.

[52]钱穆.从中国历史来看中国民族性及中国文化[M].九州出版社,2011.

[53]屈雷西.青春期心理学[M].汤子涌译,台湾:商务印书馆股份有限公司,1979.

[54]邵琳.寻找最美第一书记|克长红:用心用情用力书写好驻村故事[N].沂蒙晚报,2023-05-17(09).

[55]宋善文.社会主义核心价值观的基本特征[N].光明日报,

2012 – 02 – 11(11).

[56]宋锡民.隋末山东农民起义述略[J].东岳论丛,1984(6):81 – 85.

[57]谈娅,石国辉,何宏兵.新时代高校思想政治教育创新研究[M].重庆:西南师范大学出版社,2021.

[58]田中琰,李亮亭."一门三烈"刘永良[J].支部生活(山东),2020(7):53 – 55.

[59]涂可国,张伟,张进.山东文化蓝皮书2012年:文化改革助推强省建设[M].济南:山东人民出版社,2011.

[60]王海亮.当代中国劳模精神研究[D].哈尔滨:哈尔滨理工大学,2019.

[61]王经西,惠扬.永恒的财富——沂蒙精神的当下解读[J].理论学习,2014(5):13 – 16.

[62]王军.乡村振兴看沂蒙 | 倾心"第一书记"助力乡村振兴[EB/OL].鲁网(2022 – 10 – 20)[2023 – 3 – 23].http://sd. sdnews. com. cn/linyi/lyxw/202210/t20221020_4118229. htm.

[63]王细芝.大学生人文素质教育研究[M].北京:中国纺织出版社,2022.

[64]王盈达.毛泽东青年观及其当代价值研究[D].沈阳:沈阳理工大学,2020.

[65]王玉君."水乳交融生死与共"——沂蒙精神是党的群众路线实践的典范[N].学习时报,2017 – 11 – 24(A4).

[66]王玉君.弘扬沂蒙精神奋力走好新时代的长征路[N].学习时报,2018 – 06 – 20(A8).

[67]王仲荦.隋唐五代史 下[M].上海:上海人民出版社,1990.

[68]魏艳菊.以沂蒙精神引导青年参与社会治理[N].中国社会科学报,2022-7-20(A11).

[69]文静.大学生学习满意度实证研究[M].北京:教育科学出版社,2015.

[70]吴新颖.当代青年价值观构建与培育[M].天津:天津教育出版社,2010.

[71]习近平.高举中国特色社会主义伟大旗帜 为全面建设社会主义现代化国家而团结奋斗[N].人民日报,2022-10-26(1).

[72]习近平.十八大以来重要文献选编(中)//青年要自觉践行社会主义核心价值观(2014年5月4日)[M].北京:中央文献出版社,2016.

[73]习近平.习近平谈治国理政(第四卷)[M].北京:外文出版社,2023.

[74]习近平.在同各界优秀青年代表座谈时的讲话[N].中国青年报,2013-5-5(03).

[75]新华社.中国共产党第二十次全国代表大会在京开幕[EB/OL].新华网(2022-10-16)[2023-5-6].http://www.xinhuanet.com/2022-10/16/c_1129066920.htm.

[76]熊建生.青年学通论[M].武汉:武汉大学出版社,1995:37.

[77]徐东升,汲广运.沂蒙精神研究[M].济南:山东人民出版社,2017.

[78]徐东升.沂蒙精神:涵养中国精神的重要话语资源——写在习近平总书记沂蒙精神重要讲话四周年之际[N].大众日报,2017-

11 – 19(05).

[79]徐厚升.沂蒙"红嫂"精神对当代女大学生理想人格构建的研究[J].女报,2023(2):7 – 10.

[80]杨爱珍.《爱国主义和我国知识分子的使命》的现实意义[J].福建省社会主义学院学报,2003(2):8 – 11.

[81]姚云云,李精华,周晓焱.社会工作基础理论与实务[M].哈尔滨:哈尔滨工程大学出版社,2016.

[82]沂蒙大地的深情.沂蒙大地的深情[N].大众日报,2013 – 09 – 05(1 – 2).

[83]荫山庄司.现代青年心理学[M].上海:上海翻译出版公司,1985.

[84]尤中.中华民族发展史第2卷:辽宋金元代[M].昆明:晨光出版社,2007.

[85]于德春.中国建材名人辞典[M].北京:中国建材工业出版社,1995.

[86]苑朋欣.沂蒙精神溯源研究[M].济南:山东人民出版社,2017.

[87]苑朋欣.沂蒙人民的文化品格:沂蒙精神形成的历史文化渊源[J].临沂大学学报,2018(5):20 – 29.

[88]张奎明,李光泉,山东省档案馆.毛泽东与山东[M].北京:中央文献出版社,2003.

[89]张琳敏."中国梦"与当代青年使命感研究[D].焦作:河南理工大学,2016.

[90]张文卿.当代青年社会主义核心价值观培育研究[D].北

京:北京交通大学,2017.

[91]张翼.中国青年人口的新特征——基于"第七次全国人口普查数据"的分析[J].青年探索,2022(5):5-16

[92]张勇.中国梦实现路径研究[M].石家庄:河北人民出版社,2015.

[93]长勇等.青年心理学[M].石家庄:河北人民出版社,1988.

[94]赵文坦.山东的几片摩崖石刻与宋金元之际红袄军故事[J].齐鲁文化研究,2012,(00):65-68.

[95]赵准.从精神源头和文化根脉理解沂蒙精神[M].大众日报,2021-11-09(08).

[96]郑和均,邓宗华等.高中生心理学[M].杭州:浙江教育出版社,1993.

[97]中共临沂市委.沂蒙红嫂颂[M].北京:中央文献出版社,2002.

[98]中共临沂市委党史资料征集委员会.中共临沂地方史(第一卷)[M].北京:中共党史出版社,2009.

[99]中共临沂市委党史资料征集委员会.中共临沂市历史大事记[M].北京:中央文献出版社,2001.

[100]中共平邑县委党史研究室.中共平邑县历史大事记1949.10—1998.3[M].北京:中国大地出版社,1998.

[101]中共中央文献研究室.邓小平论教育[M].北京:人民教育出版社,2004.

[102]中共中央文献研究室.邓小平文集(一九四九——一九七四年)中卷[M].北京:人民出版社,2014.

[103]中共中央宣传部.习近平总书记系列重要讲话读本[M].北京:学习出版社,2014.

[104]中共中央政策研究室.中国农民的伟大实践 农村改革和发展典型经验[M].北京:中共中央党校出版社,1991.

[105]中国共产党第十四届中央委员会第三次全体会议通过.中共中央关于建立社会主义市场经济体制若干问题的决定[M].北京:人民出版社,1993.

[106]周立升,蔡德贵.齐鲁文化通论 下[M].济南:山东人民出版社,2015.

[107]周忠高,陈伟.沂蒙精神的科学内涵与传承发扬研究[J].理论学刊,2021(6):23−31.

[108]朱家驰.毛泽东等老一辈革命家诗词赏析辞典[M].天津:南开大学出版社,1993.

后　记

　　本书是山东省社会科学规划研究项目《沂蒙精神与中国梦的实现》(13CGMJ24)的结题成果。

　　在编写过程中,本书参阅和学习了诸多学界同仁的研究成果,在此向各位专家学者表示衷心感谢。感谢天津社会科学院出版社对本书出版工作给予的热情指导和帮助,感谢临沂大学文学院周忠元教授、宋桂花老师,社科处连振娟老师,财务处赵志昆老师,图书馆陈爱香老师、张连梅老师对此项目结题的奔波操劳和热情相助。需特别说明的是,本书在编写过程中,参考引用的许多相关研究文献,因成书时间仓促,有的未及注明,敬请谅解并表示衷心感谢。

　　此外,因作者水平有限,加之近年来对田野调查困难预知不足,使得文献资料发掘整理不够充分,书中难免存在疏误错讹,敬请广大读者批评指正,以利修正。